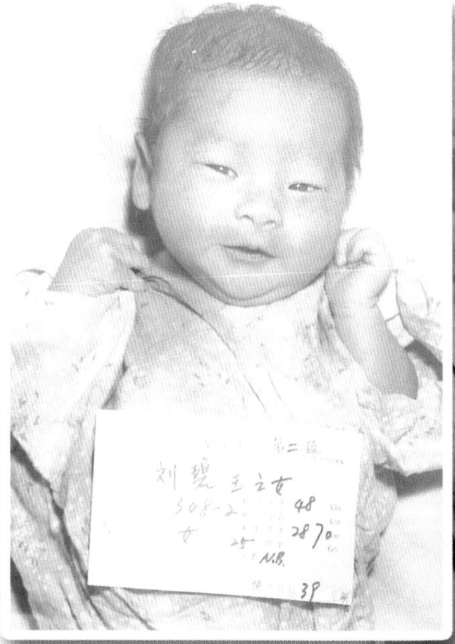

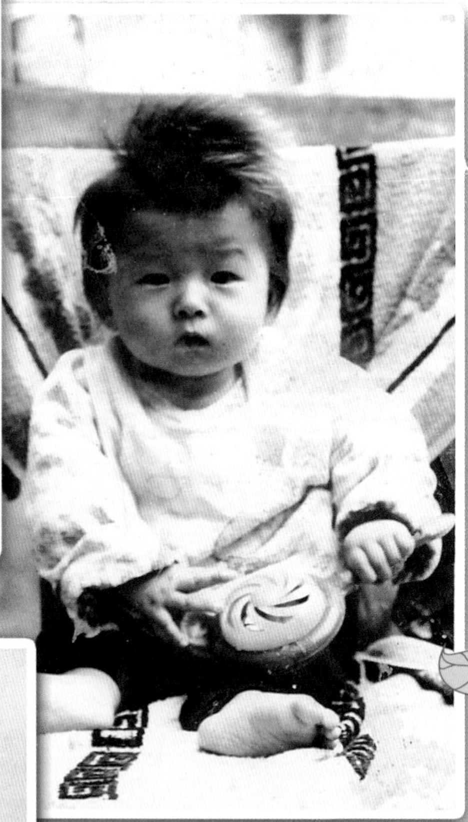

張開眼，看著這世界，集三千寵愛
的我，展開了一段不平凡的人生。

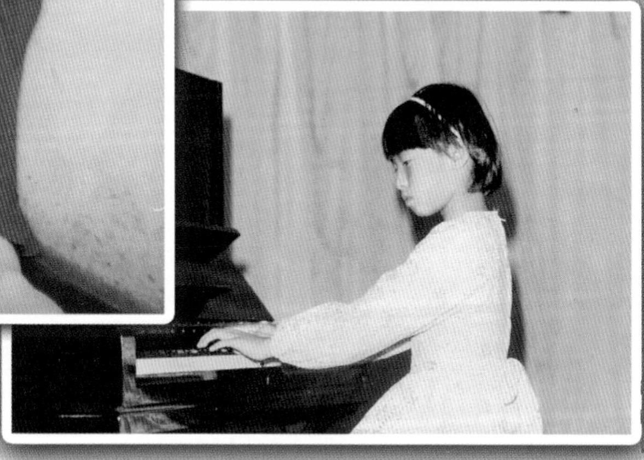

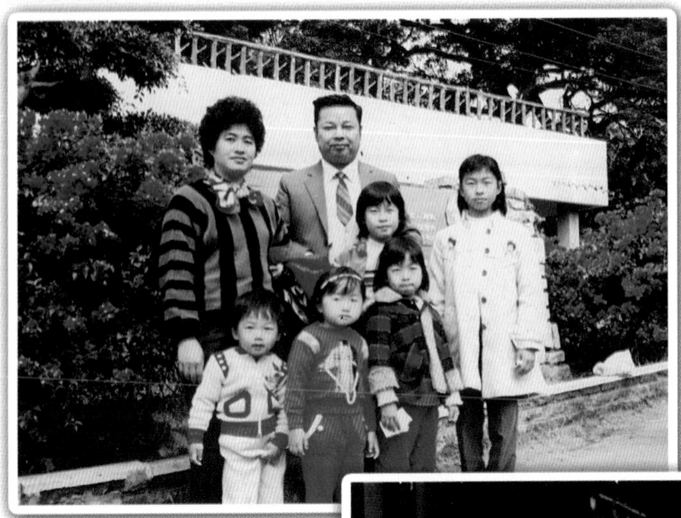

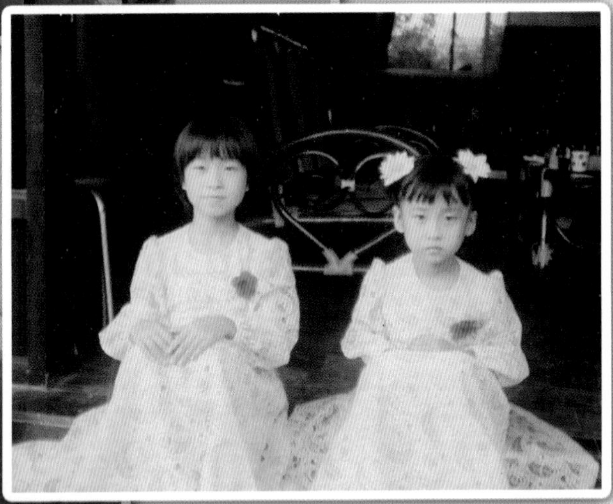

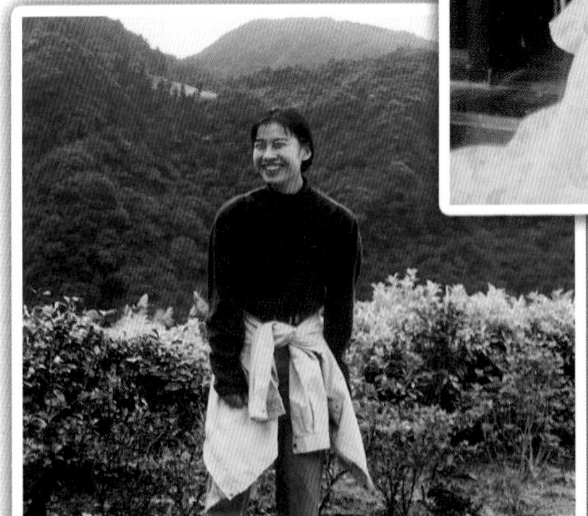

兒時歡笑，青春往事，組合成一首
叫回憶的歌，輕輕哼著。

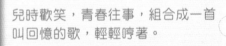

舞台上強烈燈光，鏡頭下姿態搖曳，我一就是自信。

風箏，請將我的願望傳達給天使們，願我愛的人都能平安喜樂。

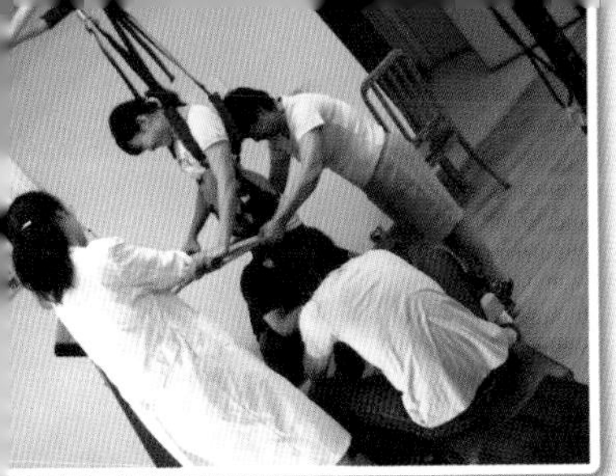
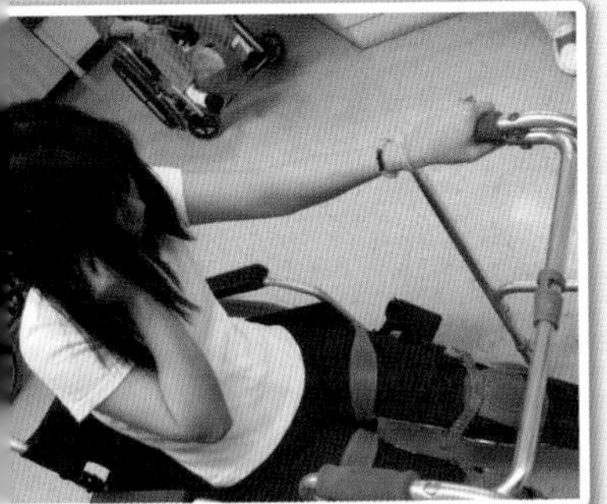
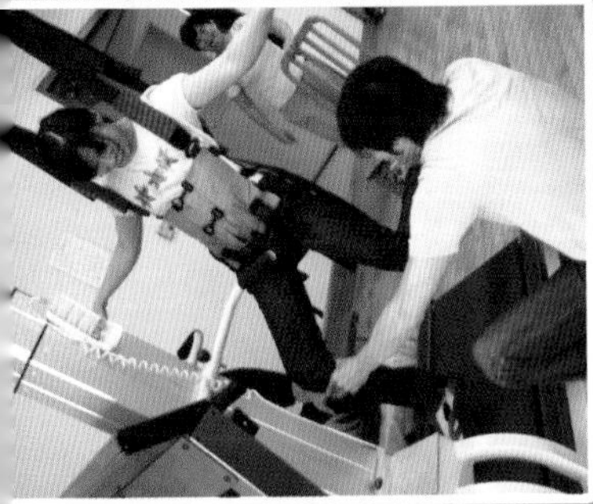

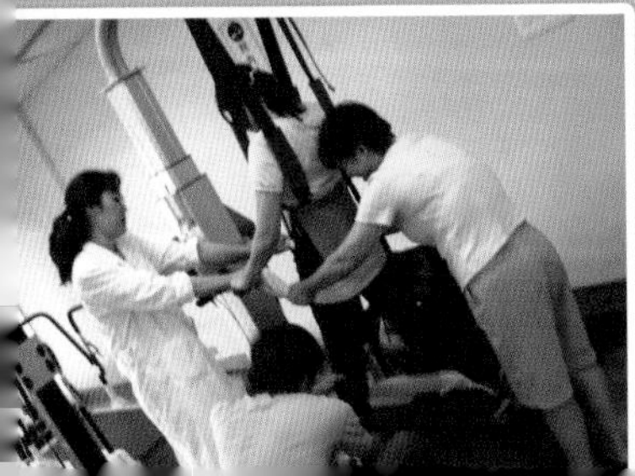
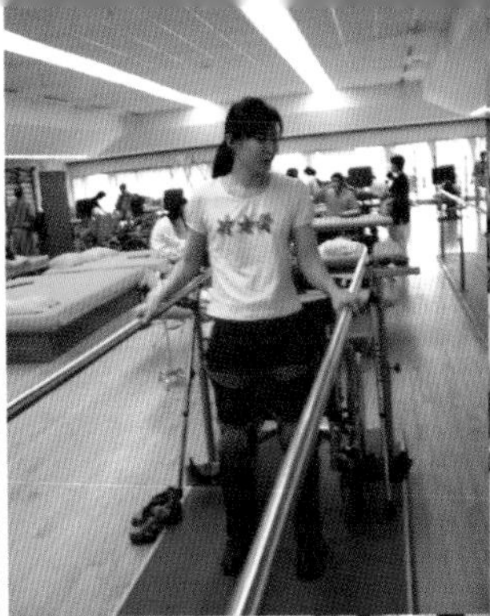

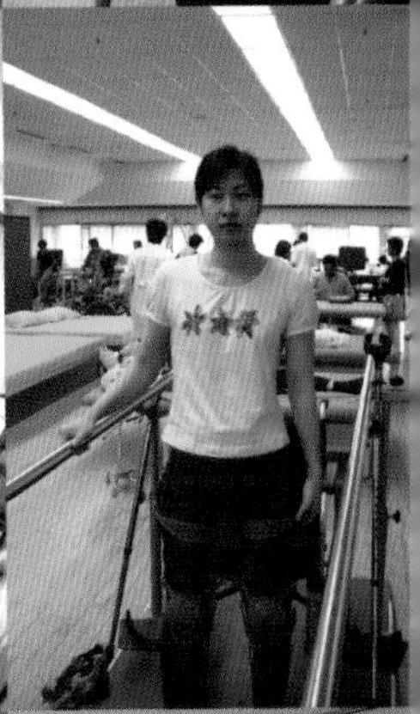

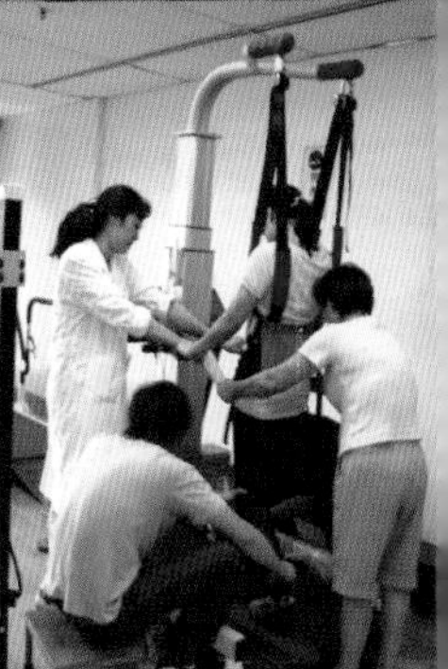

復健，是個體力與耐力的大考驗，而我是宇宙超級無敵勇氣怪力女。

以生命為教材，跑遍各學校及機關團體，傳達熱愛生命的理念與想法。

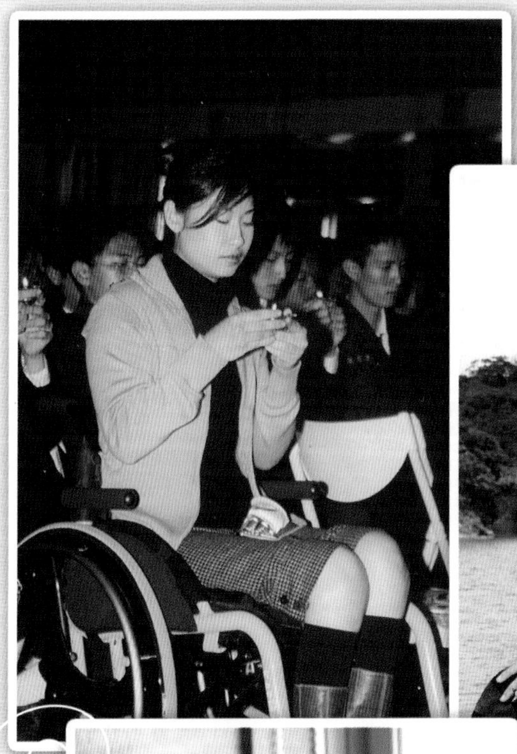

未來的路雖不見平坦，我期盼，
我祈求，能保持堅毅的精神往前走。

跨出房門，生活開始豐富精彩了起來，
我期待下個生命中的特別節目。

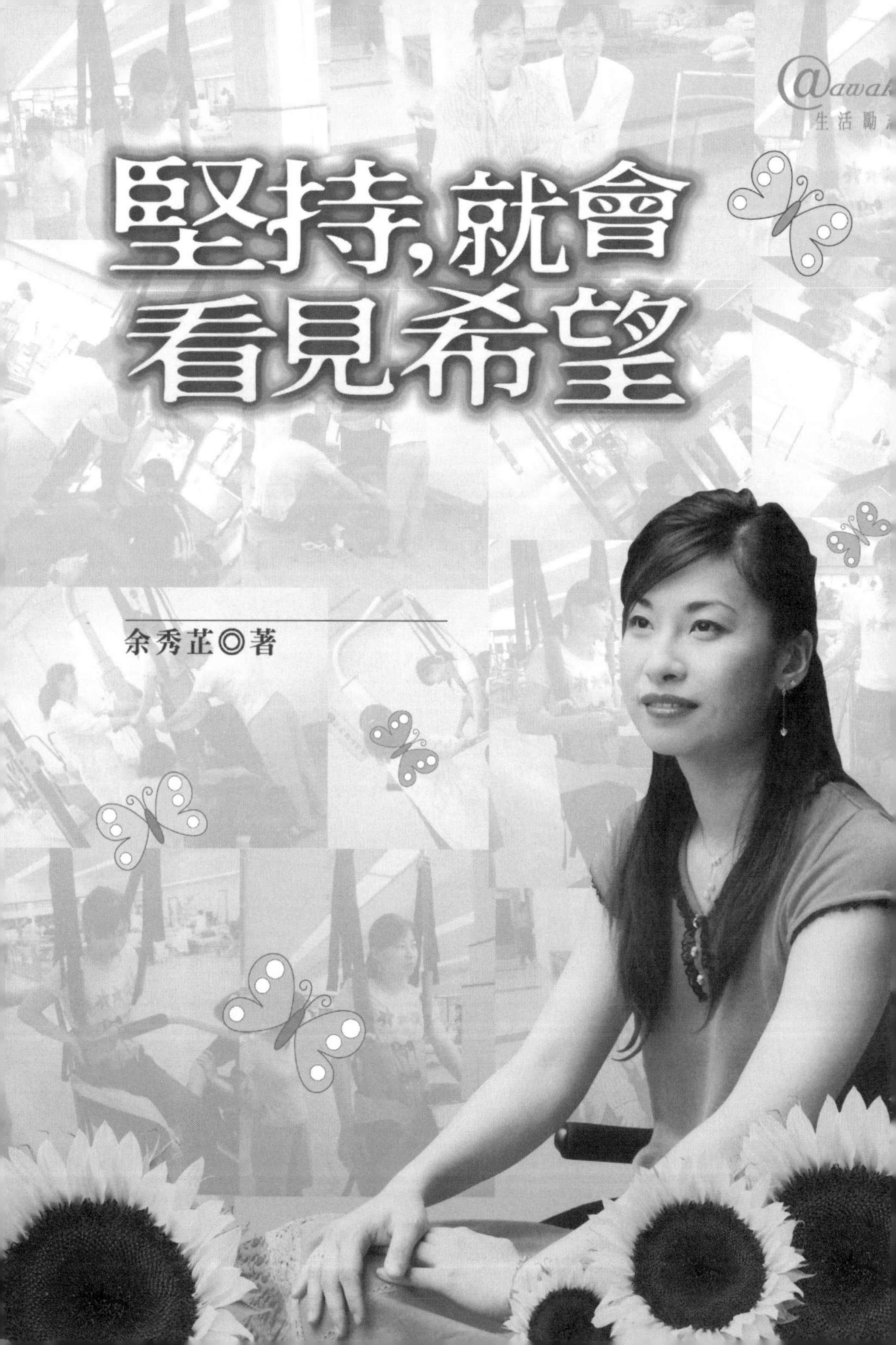
堅持，就會看見希望
余秀芷◎著

〈真情推薦〉

散播生命智慧的光與熱

不經意地翻開報章雜誌、打開電視，總發現充斥著許多身不殘心卻殘的人，不禁感嘆這個社會生病了，懷疑天底下有多少人能身殘心不殘？幾經反覆思索，問自己能爲這個社會盡什麼樣的義務？最後決定，一切從教育的根本做起，因此，「陳清波文教基金會」積極推動生命教育校園系列講座，引導我們的孩子正確對待人生、尊重生命，期待生動的演講能發揮力量，能在年輕人的心靈播下良善的種子，減少社會成本的負擔。在舉辦的活動中，我們聘請有著不同人生經歷，擁有樂觀、開闊心胸、不畏艱難，能堅強面對人生困境的講師群，以他們的智慧與眞實故事做爲我們青年學子的借鏡。藉由多次的演講，認識了余秀芷小姐，承蒙她不嫌棄本人才疏學淺，邀請爲她的第二本書作序。手執禿筆，眞誠地寫下對她的認識，深怕言不盡意，有違請託。

每個人對未來總是充滿期待、憧憬與夢想，年輕的夢最美，而生命的動力莫不是由築夢開始。當一個有著美好前景的人，於一夕之間發現夢碎，未來的規畫被一場莫名的病全盤毀之一旦，那種衝擊是多麼強大、恐怖？挫敗之深，那麼地讓人難以承受，尤其對一個美麗聰慧、原本擁有燦爛未來的女孩，更是如此。被命運之神作弄的感覺，非親身經歷者是難以體會的，然而余小姐面臨的正是如此凶惡的磨難。

在病魔的摧殘下，她經歷了此生最暗淡的時期，對那時的她而言，人生不再有美麗的色彩，未來已經沒有希望。猶如展翅翱翔的大鵬，遭受突如其來的橫禍直墜落地，無法承受之重，令傷心的她籠罩在悲傷的氛圍中，完全淪陷在黑暗裡。在這個時刻，她清楚明白自己的狀況，在未來的日子裡如果沒有任何人的協助，她再也無法像從前一樣活動自如，於是灰色的念頭不斷浮現腦海，強烈到數度想親手終止自己的悲慟。

幸而在親人與朋友的關懷與照顧下，她那顆體貼柔軟的心發揮了作用，她選擇堅強地面對生命的無情，摒除放棄自己的自私念頭。從這場病中，她體悟到必須掌握剩下的機會，縱使醫生曾殘酷地宣佈只剩百分之二十復原的機率，她也要將自己的價值發揮至最大。她開始思考如何走出悲傷，如何經營未來？如何將自己的經驗提供給大家，讓它產生激勵的效果？因此她決定藉由不斷的演講及設立電子報，無私地與大家分享自己對病魔奮戰不懈及走出悲傷的故事，並用眞誠撫慰一顆顆年輕失意的心靈，將生命智慧的光與熱散播出去，更誠摯地伸出雙手，邀請大家互相扶持走過困頓，一起努力將生命之光散播在每個角落，使世界開滿眞善美的花朵。

和余小姐相識兩年多，她開朗樂觀與無私的態度，使我受益良多。在此，讓我們給予她最深切的祝福，祝福她能再度足踏地球，永遠以無畏無懼的精神面對人生的挑戰；也願她第二本書的出版能夠感動更多人，使更多人受惠。

（本文作者爲年興紡織股份有限公司與財團法人陳清波文教基金會董事長）

〈真情推薦〉

在最艱難時刻，顯露人性的光輝

鄭宏志醫師

初見到秀芷，白白淨淨的，清秀中透露出優雅的氣質。我是應復健科莊天佑醫師所託，特別注意這樣一位病人。聽說原爲模特兒的她，已是下肢癱瘓了。在門診見到秀芷坐在輪椅上，我心裡暗暗嘆了聲：「可惜啊！斯人而有斯疾也！」

幫她治療之後，配合復健，在往後接觸的時光裡，我從膚淺的外表認知，到對秀芷的內在有了更爲深刻的體會。從她永不向病魔妥協的態度，認眞地用「腦力」指揮自己癱瘓的雙腳，到做肌電波顯示大小腿肌肉的復原，再到穿著鐵鞋練習行走，一路走來，她都是笑臉迎人，卻也堅韌不拔。

知道她出過書，最近又有新作問世，且到處演說，激勵脊髓損傷病患。這一切說明了她不僅是我們眾多脊髓病友中的模範生，更是一位生命勇者、女鬥士。

人的一生恍如一戲，有苦有樂，有歡笑也有淚水，誰也無法確知上帝要丟給你什麼樣的劇本。秀芷所遭遇的打擊，對一般人而言是不堪的，可能會回頭怪罪編劇，爲什麼要編這樣的劇情？可是，人生的價值以及人性尊嚴的可貴，也就是在這艱難時刻，才能充分顯露出光輝。

秀芷，加油！我們一起努力！

（本文作者爲台北榮總神經修復科主任）

〈真情推薦〉

分享愛與經驗的年輕鬥士

莊天佑醫師

二〇〇四年農曆正月初五，我的外甥女（孟廷）發生車禍，遭統聯客運輾斃，全家人陷入極度的哀傷，姐姐至今更是痛苦萬分。外甥女原是台大一年級的學生，在就讀高三時跑步暈倒，到榮總檢查後被診斷爲紅斑性狼瘡，因此在準備大學聯考那一年，幾乎都是在住院及吃藥中度過。但她總是鼓勵著家人說：「不要緊的，我有能力克服。」她常住院的那一年，也是我跟她相處最多的時光。每當她血紅素低於六，卻仍捧著物理化學課本自修時，我相信這對她而言是極度的折磨，但她卻還開玩笑地要我買火鍋給她吃。

告別式結束後的一個月，姐姐收到許多人的來信。其中有一位台大學生的媽媽寫道：「我與我女兒的肌肉疼痛好多了，因爲妳有個好女兒，送了兩條藥膏給我們。」身爲舅舅的我終於明白，原來我給孟廷治療膝關節腫痛的藥膏，她捨不得用，送給了別人。另外，有二封信是孟廷生前寫給同學的，目的在鼓勵她們。其中一封信寫道：「我可以把我的講義借給妳們，但是老師上課很辛苦，希望以後妳們都能來上課不要缺席。」第二封信寫道：「靜文，人生最大的喜樂就是跟家人平安地相處。」身爲重大傷病的患者，孟廷不僅努力地扮演好學生的角色，且不時對周遭的朋友施予關懷和幫助。病痛的折磨對家人來說是最大的擔憂，對孟廷而言，卻是她心中最輕的負擔。

人生無常，一些突發的病痛時常會改變家人和自己的一生，我七年前從美國進修返國，就積極投入脊髓損傷的治療、研究，以及教學工作。一個夏日的午後，秀芷坐在輪椅上，由她媽媽推著來到檢查室，在病魔不斷地襲擊下，她們兩位已經精疲力盡了。我詳細地詢問了她的病史，才知道秀芷這幾年來都在台大接受診斷治療，連教授級的醫師也告訴她，這一輩子恐怕都得在輪椅上度過。但是在我和神經外科鄭宏志教授的努力下，一個四年來大腿都不曾動過的病患，可以開始平移，這對我們來說是極大的鼓勵。因此，我將秀芷懸吊起來，利用機器及人力進行被動步行的復健，這是一項極耗人力的工程，我們還上網求援，由一批壯碩的網友排班，費時三個月才完成這一階段的工作。時間一點一滴地過去，目前秀芷已能拄著拐杖，自己行走若干距離。在與她相處這近五年的光陰裡，她上網、演講與出書，賺取自己微薄的生活費。她極力忍耐長期的病痛，滴下汗珠淚水，只爲讓自己的肌肉纖維收縮，能夠站起來移動零點五公分。她失去了異性的愛，卻仍得自我嘲解，只爲讓家人知道，她沒關係，她還挺得過去。爲了不讓周遭的人嫌惡，她出門前必須先導尿排便，自我承受這耗費心力的負擔。

孟廷和秀芷這兩位重大傷病患者，在其年輕的歲月中，努力地活著，積極扮演好自己的角色，也不吝惜把她們的愛與經驗，跟社會中的每一份子分享。在這個混沌的社會中，由於她們的付出與關懷，讓我和家人有了繼續活下去的理由。在寫給秀芷的序中，加入我外甥女的故事，一方面除了懷念她，同時也以秀芷和孟廷這兩位年輕人的故事，請大家珍惜家人，照顧自己，關懷社會。

民國九十三年七月二十七日

（本文作者爲台北榮民總醫院復健部副教授）

〈真情推薦〉

獨立、樂觀、熱情的美麗女人

黃佳琦醫師

我從來沒有遇過像秀芷一樣的「病人」。

認識秀芷已經三年了，第一次見到她時，她正穿著鐵鞋練習走路，佈滿汗水、紅透了的臉上，對初次見面的我展開坦率的笑容，就像我們並非身處醫院的治療室，身份也不是病患與醫療人員，而是在午後的咖啡廳認識了一個新朋友。前一位物理治療師告訴我秀芷是胸椎受傷的病患，我非常驚訝，因爲所有教科書都告訴我們，胸椎受傷的病患是不可能行走的。後來我發現，對秀芷而言，沒有什麼是不可能的，只有她還沒達到的目標而已。三年來，我們其實沒有多少時間聊天，在治療過程中，我們通常都很沉默，只專心於將每一次動作做到最好，唯一的溝通是藉由我的手感覺她越來越強的肌肉收縮。三年來的治療，並沒有如電視劇般大哭、大笑的高潮迭起，或是奇蹟式恢復，甚至還有點漫長而乏味，所有的進步都是一小點一小點地累積而來的，速度不快卻眞實而持續地進行著。有時候進步的速度緩慢到讓我幾乎要放棄，但秀芷會興高采烈地與我分享她所發現的新進展，她的信心與樂觀足夠鼓舞我們兩個人再次加油堅持下去。身爲她的治療師，我常常不知道如何鼓勵她，反而是她的堅持不放棄及樂觀的信心，讓我們能一直在復原的路上並肩作戰。

我對秀芷印象最深刻的，並非她治療時的認眞，而是她從不認爲自己因爲坐在輪椅上就與別人不同。身爲一個物理治療師，最希望的莫過於能幫助病患回歸其原本的社會角色，不再是「失能者」，但往往我們能處理的部分卻只有肌肉力量的恢復、行走能力的進步，倘若病患無法接受自身的限制，他的世界仍只有家裡和醫院。但愈認識秀芷，就愈不覺得她和一般年輕、獨立的女人有何不同，她積極地發展出自己的新事業，不浪費時間在感嘆過去的輝煌，或是認爲自己無法再有一份正常的工作。她到全省各地演講、到過許多地方遊覽，也像一般年輕人一樣，到ＫＴＶ唱歌、到海邊喝咖啡、參加政治活動，生活比許多「正常人」精采得多！更重要的是，她從不避諱談論自己的疾病，也樂於與其他病友或是治療師討論她如何發明出自己的一套方法，來因應生活上種種的不便。她不等待奇蹟，但她也從不放棄希望；她不認爲自己有什麼不能作的，即使暫時需要以輪椅代步，她的世界仍和以前一樣寬廣；而更重要的是，她克服生命中最大的難題，選擇積極地面對它，創造無限的可能。相較之下，那些肢體健全但卻桎梏在心靈牢籠裡、不願面對解決問題的人，更像是「病人」。

秀芷，當我看著她時，看到的並不是一個「病人」，而是一個獨立、樂觀、熱情的美麗女人。

（本文作者爲榮民總醫院物理治療師）

〈真情推薦〉

爲自己活出一片天空！

嶺榮娟醫師

我第一次見到秀芷時，是在二〇〇三年的夏天，她給我的第一印象，是一位從時尚雜誌中走出來的美女，雖然脂粉未施，但在一群脊髓損傷病友中，十分搶眼，唯一不同於雜誌美女的是，她穿著病人服及鐵鞋，滿臉通紅地做著物理治療師所給予的復健運動，那時我唯一想到的念頭是：很想認識她並跟她說說話，因爲她的眼神總是非常地專注，令我感到一股不屈不撓的決心，當時的畫面，至今仍深深地印在我心裡。

之後，由於工作的關係，我成爲秀芷的物理治療師，對於秀芷更加認識。在看完她的第一本書後，瞭解她一路走來的心路歷程，更加折服於她對抗病魔的決心與毅力，我也不禁問自己，假如我是秀芷，我能夠有她的勇氣與決心嗎？這個答案我無從回答，但是我相信她的努力是有目共睹的。

從當她的物理治療師到現在，差不多將近一年了，每當她住進神經再生中心病房時，我總是非常驚訝於她的進步，從原本只能在非抗重力狀態下做出大腿往前踢的動作，到現在她可以在部分抗重力的狀態下做出動作，原本小腿沒有動作，現在可以稍微踢出，這種種，對於常人來說很微不足道，但對於脊髓損傷的病友而言，就有如阿姆斯壯在月球上的一步。在臨床上，已經算是慢性脊髓損傷患者的秀芷，能夠一直努力到現在，並有這樣的進步，除了感嘆神經再生醫學的突飛猛進，更重要的是，她不放棄希望地堅持下去，套句神經修復中心主任鄭宏志醫師的話：「神經再生手術只是點火，要將火燒得更旺，需要病人努力做復健來搧風才行，不然一切都是枉然。」

在這一年當中，我除了見識到秀芷的毅力與進步外，我更見識到她想要幫助別人的那股熱忱。有時她住院不過短短三個星期不到，我問她：「妳要去哪裡，爲什麼不住久一點呢？」她說她要去演講，讓跟她有相同遭遇的病友，更早走出陰霾。對於她這方面的努力，大家都深刻體會，只要在她住院期間，有剛受傷的病友，秀芷都會和他們談談，開導他們，這實在是很不簡單的一件事。

身爲一位物理治療師，看到病人能夠一點一點地進步，是件令人欣慰的事，但更希望每位病人都能像秀芷一樣，很正面、很陽光地面對自己的疾病。當秀芷要求我爲她的第二本書寫序時，我十分榮幸，也希望其他的病友看到秀芷的心路歷程，能夠對於自我生命的價值觀有所改變，並且努力爲自己活出一片天空！

（本文作者爲台北榮總神經修復中心物理治療師）

〈真情推薦〉

將愛與希望傳遞出去

蔡依菁醫師

進入臨床治療已經一年的光陰，猶記當初抱著熱忱投入身心復健的職能治療工作時，不到兩個月的時間，在接手許許多多因爲事故或是病變的病患，並瞭解他們背後賺人熱淚的故事之後，我開始害怕，害怕的是，雖然我內心多麼希望每位病患都能完成他們再度行走的復健目標，但是，理性面的我卻不能給他們保證。

一度我拒絕再聽病患的故事，我怕自己承受不了感性面上的憂傷，直到我遇到了秀芷。在我知道她的故事之後，我才覺得自己是多麼懦弱及渺小，健康如我，卻易因一點小挫折就選擇逃避。在秀芷身上，我看到了一個完美女人，不僅形象美、語言美，重要的是秀芷的心靈很美，每每聽到秀芷對未來充滿希望的規畫，並像她的復健一樣，一步一步去實踐時，我總是不自覺地被她深深吸引，尤其在她不厭其煩地給予其他病友鼓勵及心理建設時，我告訴自己要向秀芷學習這樣的大愛精神。

沒有人可以預測意外和明天哪個會先來到。人一生一定會經歷無數的考驗，重要是在於用怎樣的心態去面對考驗。醫療的進步及冥冥之中的命運讓人存活於天地之間，我想，存在必有其意義及價值，在秀芷身上，我瞭解到，「要改變命運，要先改變觀念」。在秀芷將百分之二十的希望當成百分之百的希望，努力堅強地走下去的同時，她不僅獨善其身，還做到兼善天下。

藉由演講及著作，我相信秀芷幫助許多人走出人生的陰霾。在此，我更希望不論是身體或是心靈上受到打擊挫折的朋友們，瞭解秀芷的故事之後，除了感動之外，也能試著學習秀芷的精神，一同將愛與希望傳遞出去。

（本文作者爲台北榮總職能治療師）

〈真情推薦〉
生命的巨人

許修齊主任

今年屏東的夏天，似乎比往常來得晚，已經五月了，空氣中還有一點梅雨的味道，往年的這個時候，蟬兒早已叫得令人煩躁，今年卻好像都患了憂鬱症似地悶不吭聲。我奉命到演講廳去主持生命教育的演講，事先瀏覽了一下主辦人提供的講師資料，也上她的網站看看，心想：又是一個由網路捧紅的作家，應該合學生們的胃口。

乍見袖子，一股同情心油然而生：一個青春年華的少女，擁有令人稱羨的身材與美麗，正要起步攀越事業的巔峰，竟然一夕之間跌入幽暗谷底，造化弄人至此，令人噓嘆。同情心之後，又產生了強烈的好奇心，她是怎樣走出來的？於是，簡單的介紹一番之後，我也找了個空位坐下。

剛開始，吸引我的是她的美麗和對她的惋惜，演講的過程中，也看到好幾個學生甚至老師，低著頭衝出去，在會場外流眼淚，留在場內的也有好多人紅著眼眶，爲她這麼

「悲慘」的人生難過，但袖子卻能笑著侃侃而談，談這些年來的心路歷程、自殺的企圖、復健的辛苦，就好像一般人在講自己兒時的糗事：「我跌倒的姿勢，就好像在倒垃圾一樣……」她如此形容自己。

我心裡想著，這個人到底是強顏歡笑，還是眞的已經走過來並且自我接納了，直到演講結束開放觀眾提問時，我問到了有關她之前說到她已經找到她生命的課題，那課題是什麼？她說：「我生命的課題就是用我的身體、我的經歷當例子，鼓勵更多的人走出生命的低潮！」

證嚴法師曾說過：「生命就是使命！」而在我的許多輔導個案中，也發現個案在催眠中，常常能夠說出他們生命的意義，體悟到自我存在的價值；而袖子竟然在沒有經過任何輔導技巧或宗教的洗禮下，將原本被視爲生命陰影的挫折，轉化爲提升生命價值的能量，進而身體力行地履行造物者（如果有的話）所賦予的使命。到後來，我已經看不到她的輪椅，在我的眼中，她已經不是僅爲了百分之二十復原希望而奮鬥的小女生，而是生命的巨人，和她講話時，我常是蹲下來，抬頭仰望她，似乎若不這樣，無法表達對她的崇敬。

寫到這裡，我彷彿聽到袖子的聲音說：「喂！不要把我寫得好像年高德劭的老人家好嗎？」我所接觸的袖子，雖然擁有別人所沒有的生命體悟，卻還是常保赤子活潑調皮的心，和年輕學子聊了一會，就一直吵著大家一起去「轟帕」。每次我看到那酷炫發亮的輪椅，總忍不住建議她可以加裝音響和喇叭；和她相處一陣子後，我幾乎有一種衝動，想對她說：「自己走上講臺去吧，我們不抬妳了！」也許就是這種樂觀的天性，才能夠支持她一直走下去吧！

而賦予她這種個性的，就是對她不離不棄的家人，尤其是父母。看著講臺上站在袖子身邊的袖爸袖媽，樸實、靦腆、風趣，但是同樣也是爲人父母的我，更能理解他們心疼女兒的痛。淚眼朦朧中，袖子已化身爲用自己苦難來度化眾生的菩薩，而旁邊那兩位，應該就是護持的羅漢了。

繼續堅持下去吧，還有長路要「走」呢！

（本爲作者爲屏東大仁技術學院學生輔導中心主任）

2. 突然，我站不起來了

3. 漫漫的未知長路

4. 另一扇窗

5. 還有機會再愛嗎？

1 天之驕女

從小就是父母親捧在手心裡的寶，沒有後顧之憂，也體會不到父母栽培的辛勞，更不知道母親每個夜裡等門的憂心。我忙於工作，忙著追夢，忙著追尋我的快樂……

幸福，很容易

「叮咚叮咚……」

從急促的鈴聲中醒來，反身發現桌上的鬧鐘已經指著七點半。

「慘了！」被子一掀，以最快的速度刷牙洗臉，撲蜜粉、上睫毛膏、塗口紅，熟練且完美地裝扮好自己，然後在母親「無敵索命連環CALL」的獨門絕技中，匆忙穿上西裝外套，蹬上高跟馬靴，喀啦喀啦地快速衝下樓去。

❖

余秀芷，是媽媽替我取的名字，本來的用意是希望生下我之後就停止再生女孩，但我並沒有因爲這個名字而招來弟弟，所以在老一輩所謂傳宗接代的壓力下，媽媽生下我與姊姊之後，又一連生了兩個女兒，最後終於在革命第五次時，順利生下一個男孩。家裡的人口數字，對當時的我來說，一直是個困擾，每每學校老師問起兄弟姊妹人數，我的答案總是引起一陣驚呼與議論紛紛，常讓我自卑地低下頭。和朋友出去玩，後面一定也會帶著幾個小跟班，就連想追求我的男生，也得先送東西買通我的弟妹們，所以弟妹們總是很喜歡跟著我出去約會。

❖

「姊，妳怎麼沒叫我起床。」我皺眉對著跟我同房的大姊抱怨，不時偷瞄一旁鐵青著臉的媽媽。

「誰叫妳昨天又玩到那麼晚。」大姊拿起安全帽準備走出大門。

「妳告狀喔？」伸手拿了桌上的早餐，土司夾蛋的溫暖味道從塑膠袋裡冒出。

「不是我，是妳的狗。」大姊指了指在一旁猛搖尾巴裝無辜的球球。

「妳把家裡當旅館啊？三更半夜才回家，球球對著門口一直吠，妳幾點回來我都知道。一個女孩子那麼晚回家，有多危險……」喔！開始了，媽媽開始了早晨例行的緊箍咒，我就像套上頭箍的孫悟空，被咒語唸得頭痛不已，匆忙吃了早餐，無奈地看了球球一眼，趕下樓跟大姊一起上班去。唉，我居然養了一隻狗來扯我後腿。

球球是我在出版社工作時所買的狗，馬爾濟斯品種，一身雪白的毛，每天在家裡等著我回來，只要我一開門，牠就會馬上跳到我腿上撒嬌。只是我平時早出晚歸，假日也常不在家，沒太多時間陪牠，總是讓牠不斷等待，卻又希望落空。我眞不是好主人。

關上大門，投入陽光的懷抱中，我半瞇著眼好讓自己可以從刺眼的陽光中看到大姊和她的白色小綿羊。

「哇！」才剛準備跨坐上去，機車突然猛力催油門往前衝去，「姊！我還沒上車耶。」

頭戴安全帽，我楞在烈日下，等著大姊發現後座的異樣，回過頭來將我領回。

這就是我的傻大姊。我在家裡話不多，卻和大姊很有得聊，總覺得她比我可憐多了，身後的跟班總比我多一個，尤其是我這個超級跟屁蟲，從小學就黏著她到現在，而且她的上頭也沒有人可以替她分擔憂愁。只是這個大姊，有些行爲卻比較像是我的妹妹。

❖

仰頭伸手擋了一下烈日，提到妹妹，我有兩個：一個從小立志當老師，連玩扮家家酒都愛當老師，拿藤條管教弟妹，現在是即將畢業於護校的準護士；另一個是跟我差不多怪的小妹。弟弟在小妹出生後一年也緊跟著來到，一時忙不過來的媽媽，將小妹送到娘家請舅媽幫忙照顧，直到小妹喊了媽媽一聲「歐巴桑」之後，媽媽才哭著把小妹給帶回來。而說到我弟弟，大家都很擔心他會被咱家姊妹調教成一個「妹妹」，記得小時候我最喜歡逗他笑，因爲他一笑就會臉發黑、喘不過氣，這對當時的我來說是極有趣的，但卻總是惹得媽媽擔心又生氣。如今，弟弟也即將要考大學了。

而我，排行老二，從小就是爸媽最擔心的孩子。剛學會走路的我，一天早晨，在租處一樓搖頭晃腦走來走去，當時正好有一輛計程車準備倒車，因爲我太矮小，後照鏡看不到我，就這樣直接撞上在牆邊的我，車子鉤到我的衣服後，突然又往前開去，就這樣，我被車子從巷子尾一路拖行到巷子頭，直到路人發現攔住了計程車。

媽媽曾告訴我，當時她抱著滿身是血的我，緊張得直發抖，看著醫生不斷幫我作心肺復甦術，一袋袋從身體裡抽出來的黑血，讓她在心裡做了最壞的打算。想不到小小年紀的我，奇蹟般從休克中甦醒過來，意志力之強，度過了危險期，醒來後，居然還可以指著那個肇事的計程車司機大喊：「你這個壞人！」

❖

家裡孩子多，最辛苦的就是做爸媽的吧！白手起家的父親，隻身從彰化來到台北這個大城市，睡公園、工寮，半工半讀完成高中學業，娶了母親之後，兩人過了一段拎著皮箱居無定所的日子。

爲了不想再忍受一直搬家的生活，爲了讓孩子有安全的日子，媽媽曾在爸爸出門工作的時候，在住家前面擺攤賣麵，賺錢分擔家計。他們倆省吃儉用，用所有的積蓄買了屬於自己的房子，隨著孩子們的來臨，又要勒緊褲頭，應付五個小孩的學雜費。日子雖然辛苦，爸爸卻堅持要給孩子最好的生活，所以我從幼稚園開始，就跟姊姊一起學鋼琴，穿著可愛的舞衣學芭蕾。而當時價格貴得足以買輛車的鋼琴，也驕傲地佇立在家中客廳。

印象中，當夕陽灑進屋裡的時候，小小的我會坐在鋼琴椅上，晃著搆不著地的雙腳，努力練習鋼琴老師所交代的功課，而爸爸會在我身後閉眼聆聽。但這樣的場景其實很少見，因爲爸爸爲了家計得時常出差。記得小時候能看到爸爸的次數非常少，就算見到了，也因爲太久沒見而陌生。有一次，爸爸要到國外出差，我跟著媽媽去機場送機，她指著起飛的班機對我說：「看，爸爸就是坐這飛機去很遠的地方工作喔。」當姊姊對著飛機興奮地拍手時，我居然開始放聲大哭，誰也沒辦法哄住我的眼淚。

小時候，因為爸爸忙於事業，絕大多數的時間我都是像在媽媽身後。媽媽是疼我們的，即使生活並不富裕，卻還是讓家裡的小孩打扮得跟小公主一樣，這全憑她那雙巧手所創造出的奇蹟。午後，房間裡會傳來嘻笑，夾雜著裁縫機「喀噠喀噠」的聲響，隨著裁縫機的節奏，我跟姊姊在爸媽的彈簧床上不停地跳著、唱著。媽媽不時會呼喚我和姊姊過去，拿著形狀怪異的半成品在我們身上比對著，然後又繼續喀噠喀噠地踩著她的嫁妝裁縫機。總在我與姊姊累得趴在床上睡醒之後，一件件當時最流行的童裝款式就掛在床邊，飯菜香也在這時傳來。

還記得我的第一場鋼琴演奏會，身上穿的禮服，讓全場人士都驚豔著：一身鵝黃色的蕾絲連身禮服，腰際間還綁上黃色的緞帶蝴蝶結，頭上戴著黃色的髮箍，跟個小公主一樣。我穿上這身媽媽親手為我縫製的禮服，自信地演奏著一曲又一曲，這一身衣服雖非百貨公司昂貴的名牌，卻有母親對子女的愛，以及世界上獨一無二、絕不撞衫的保證。

❖

父親對家裡的女孩子管教甚嚴，坐要有坐姿，在不同的場合裡，穿著談吐要得宜。

天生叛逆的我，最常被父親點名訓話。我也不是追求名牌，只是愛搞怪，所以常被警告裙子太短了，也被要求不許穿露肚臍的衣服、不准穿破牛仔褲、不准搽白色指甲油。在父親的調教下，我從一個穿著隨性，父親眼中的怪胎，搖身一變，成爲穿著套裝的標準上班族。

這段改變期是痛苦且充滿爭執的，從小我的脾氣就拗，大概從小時候的那場車禍開始，就注定擺脫不了「大麻煩」這個宿命。我不愛說話，老喜歡挑戰家裡不成文的規定，惹爸媽生氣。爲了破除十二點門禁，我偷偷去打了一串鑰匙，方便進出門。決定的事情就不顧一切地去做，甚至可以對著窗外的天空發呆一整天，也很少和兄弟姊妹間有互動。我想，在弟妹的眼裡，我這個姊姊是十足的怪胎吧。

當時家裡的五個孩子，有三個面臨畢業後大考、就業的壓力，大家平時各忙各的生活。而我，這個爸媽嘴裡的「野馬」，即使是假日，也常因爲約會而極少參加家庭聚餐。從小就是父母親捧在手心裡的寶，我沒有後顧之憂，也體會不到父母栽培的辛勞，更不知道母親每個夜裡等門的憂心。我忙於工作，忙著追夢，忙著追尋我的快樂，忙著忙著……卻忘了一直在等我的家人。

或許幸福來得太容易，讓人不懂珍惜，關心的話語也感到嘮叨得令人窒息。往前奔馳追尋快樂，常常不經意地遺忘了深愛我的人。只有在受挫的時候，回過頭，才發現幸福依然在身後等著，不曾離去。

美麗世界的花蝴蝶

如果抓週眞的可以決定孩子未來的工作與性向，那麼我一定是那個貪心地抓起所有東西，卻永遠還覺得不滿足的小孩……

❖

栽培我上過許多才藝班之後，父親大概沒想到，我最後是選擇了從未學習過的美術！還好父母親的教育方式是很開明的，只要有正確的想法，他們是極力支持並協助孩子的夢想。於是，爲了我這個理想，父親又帶著我去上了美術課。而當同學正領著畢業證書的時候，我已經坐在知名的「東立出版社」裡工作。記得正式上班的前一天，還是父親親自帶著從小養尊處優、第一次搭公車的我，從家門口一路到公司，每個站牌、每個路口，仔仔細細地演練一次。

剛出社會的我，在熬了一年後，升任漫畫雜誌部的美術編輯。就像夢境一般，學生時期崇拜的那些漫畫家，現在常常出現身邊晃來走去，我甚至還和許多知名漫畫家變成好朋友，常常窩在漫畫工作室裡看第一手的漫畫稿。我像個美夢成眞的小女孩，每天都充滿著陽光般的熱情與快樂。

在出版社工作了兩年後，從西藥界退休的父親開設了旅行社，父親需要人手，我這才離開出版社，回家幫忙並學習處理旅行社的各項業務。當時，心裡對旅行社的環境充滿了期待與幻想，期待著可以到世界各地去看看，幻想著旅遊時的豔遇，滿心只有美好。

然而，旅遊業與出版界是完全不同的領域，剛到旅行社，我就遇到了種種的挫折，關於環遊世界、豔遇，也一點一滴幻滅。我並沒有因爲是老闆的女兒而獲得特權，一切都跟新人一樣得重新學習。記得第一次幫客戶辦理外國簽證，因爲沒經驗，證件與表格缺東少西，還被簽證人員冷嘲熱諷了一番，自尊心強的我，回到公司後就躲到廁所裡大哭，但擦乾眼淚，還是硬著頭皮再去一次，直到成功。我就在重重挫折中，慢慢地進步。

由於沒有特權，我看起來就跟公司普通員工沒兩樣，因此曾經發生過一件趣事：一位別家旅行社的業務，不明就裡跑來挖角，開出了許多優渥的條件，遊說我到他們公司上班，直到公司其他員工跟他說我是老闆的女兒，他才驚訝地說：「怎麼看不出來？」然後連聲道歉地離開。

旅行社的業務漸漸繁忙，大姊後來也進來幫忙，她負責跑業務，到各公司行號去標員工旅遊的案子，而我負責處理大姊接回來的案子，以及所有後續工作。有時我還會發揮美術的專長，設計旅遊簡介，在假日的時候跟大姊到處去投遞，拓展公司知名度。而在打入公家機關的市場後，我也以獨特的海報設計，讓他們加深印象，進而增加公司業績。我跟大姊兩個人天衣無縫的搭檔，爲公司創造了不少業績，公司也在我們的打拚下，漸漸有了點規模，甚至很多其他旅行社的業務，也會專程來看看業界傳說中的「余家兩姊妹」。

❖

或許是射手座愛好自由、好奇心強的特質，即使旅行社的工作忙碌，但是我內心卻有著不安於現況的情緒。一次偶然在報紙上看到模特兒徵選的消息，我毅然前去參加，一方面是想滿足自己對模特兒世界的好奇心，另方面也想試試自己的能耐。

應試當天，爲了怕是個騙局，我拉了姊姊陪我去。我坐在辦公室外的沙發上靜靜等著前一位應試者出來，門外不斷進出的是一個個身材曼妙、臉蛋姣好的女孩，更有電視裡常見到的模特兒，她們身上散發著光芒，讓同樣身爲女人的我看得目瞪口呆，突然覺得自己眞是一點女人味都沒有，原本的自信馬上被削弱了一半。

正當我想打消念頭回家去，前一位試鏡者走出辦公室，臉上表情有些失落，似乎是沒有成功。我硬著頭皮進入辦公室，沒想到經紀人也是個美女，她進行了一連串的身家調查，從身高、三圍到專長，還要我說出對於模特兒這行業的願景與目標。其實我只是一時好奇，對於模特兒這行業並沒有太多的夢想，所以胡謅了一些關於廣告與服裝秀之類的目標，經紀人在聽完之後，微笑著對我說：「不管是什麼樣的行業，都必須要用心去經營才會成功，模特兒這行業除了本身所擁有的條件之外，更是要經過嚴格訓練，並不如妳想像中的輕鬆，歡迎加入，加油。」我被這錄取的消息給震住了，原本已經不抱任何希望，結果卻出現大逆轉。

正式加入經紀公司後，會拿到一張課程表，我看著這張課程表，嘴角揚起了笑容，心情也是極度興奮的，我期待著這些新鮮又令人感到好奇的訓練內容。

上課的地點是在經紀公司的地下室，寬敞的場地，四面牆壁是由鏡子組合而成，我對這樣的場地並不陌生，這跟我小時候學芭蕾舞的教室差不多，只要往中間一站，每個角度的表情和姿態都可以看得清清楚楚。模特兒的工作果然不簡單，第一天的站姿訓練就弄得我筋疲力盡，接著，我利用下班時間接受皮膚保養課程訓練、彩妝課程，就連臉部的表情也需要經過訓練。與我同一期的模特兒約十人，大家坐在鏡子前，努力嘗試牽動臉部每一塊肌肉，擠眉弄眼地做出許多平時從沒有過的表情，然後一個個發表自己覺得最滿意的三個表情。在眾人面前表演自己，其實是需要點勇氣的，當時老師對我特別嚴格，在眾多模特兒中也特別記得我的名字，每次在臺步訓練的時候，不管我再怎麼努力，總是被老師要求再加強，但我一直納悶到底是哪裡不足夠。

「妳的臺步技巧不錯，但是缺少了一點感覺。」我反覆思考老師這番話，觀察前輩走秀的姿態。在下班後，利用落地玻璃窗的倒影，研究著自己到底是缺了哪種感覺。後來我察覺到，是我太注重自己的步伐與肢體動作，只想完成臺步應有的流程，所以看起來極度不自然。於是，我拋開了腦子裡數著節拍的聲音，讓腳步隨著節奏前進，盡情地展現出自己的特質。沒了令人緊張的約束，演出就會自在隨性。在一次臺步的成果分享，老師終於滿意地說：「妳找到那種感覺了。」

我所缺乏的，是自信，當你瞭解自己本身的特質，並將它散發出來，自信就會讓身上發光，吸引眾人目光；應試時，看到知名模特兒身上所散發出的光芒，原來就是自信的光芒。

接受辛苦的訓練課程期間，我對模特兒工作有了更深一層的認識，對於美麗也有了不同的觀感，就如前輩們常對我們說的：「妳必須不斷充實自己內在，因爲一個人的美麗是從內心散發出來。妳必須隨時保持在最佳狀態，因爲機會不知道什麼時候會來。」從那之後，我開始把斑馬線當伸展臺，隨時注意自己的儀態，也開始對模特兒生涯有了憧憬與目標，我告訴著自己，有一天我要走上伸展臺。

直到那一次，接到經紀公司電話通知試鏡，正式開啓我業餘模特兒的生涯。

記得那天，是個炎熱的午後，我趁公司午休時間到經紀公司去參加試鏡。「大門外一片寂靜，試鏡的人應該不多吧！」心裡正打著如意算盤，卻在開了公司的門後徹底傻眼。滿滿的人潮擠在原本空曠的訓練教室，每個女孩都精心打扮過自己，也照著試鏡的要求，上淡妝、穿短裙、著平底鞋。這場秀對新人來說很重要，因爲這個關卡，決定著今後接秀的難易。秀場導演和廠商人員一到，每位模特兒開始輪番走到他們面前。

姿態搖曳，稍稍踮腳轉身，淺淺微笑回眸，自信穩健的儀態讓我能夠過關斬將，在近百人當中接到這場秀。選秀如殘酷舞臺，與我同期的模特兒就有許多人落選，留下來的女孩，聽完秀場導演跟廠商人員的講解，訂好試裝日期後就解散。一出門口，一位跟我同期的小女生站在門口對我微笑著。

「好羨慕妳唷，被選上了耶！」她挽著我的手，用天眞無邪的一雙眼睛盯著我看。

「呵呵，還要等試裝呢！如果試裝的時候發現跟衣服格調不搭，還是會被淘汰的！先不要羨慕得太快。」我承認我安慰她的技巧有點爛。

「唉唷，反正被選上就很好了，那麼多人在競爭耶！我會去看妳走秀的！對啦，妳會不會覺得我很胖？沒辦法啦，都怪我還是個高中生，還有嬰兒肥……」

從經紀公司這冷凍庫出來，直接面對著烤箱般的天氣，我一邊融化著，一邊微笑聽著女孩嘰嘰喳喳說個不停，心裡其實是僥倖而驚訝的，近百人中挑選出十位模特兒，說實在的，我其實一點把握也沒有，只告訴自己盡力就好，其他讓命運去決定了。

我並沒有將入選的消息告訴家人，家裡也只有姊妹們知道我去參加業餘模特兒的訓練，所以在拿到服裝秀邀請卡的時候，我猶豫著該不該請家人跟我一起分享？最後，我還是將邀請卡給了母親。

「什麼！妳去當模特兒喔？怎麼沒聽妳說？」母親的表情先是訝異，而後微笑看著邀請卡問我：「應該不是穿很露的衣服吧？」

❖

服裝秀當天早上八點，照規定，不上妝到廠商的服裝門市報到，一個個輪流讓化妝師上妝，接著穿上展示的衣服。我們就像櫥窗假人一樣，不能坐下弄皺衣服，不能過度活動會弄花妝，不能大聲喧嘩。

直到下午一點，第一場秀開始，我是第一個上臺的模特兒。我在後臺緊張得手心直冒汗，燈光強烈到讓我只看得見舞臺上的走道，音樂振著地板，音波反彈直傳腳心。我抓準了音樂節拍，踏出第一步，將緊張留在後臺，帶著自信走上伸展臺。

雖然是個新秀，我還是盡力散發出光芒，臺下有著來看我走秀的家人以及朋友，妹妹拿著相機直對著我拍，我對著他們微笑著，跟他們分享今天這第一步的成績……

就像隻蝴蝶一樣，當時的我只是快樂地飛舞在花叢間，從不曾為身邊的美景停留，漫無目的地尋找心目中那個連自己也不確定的美麗世界，不停追逐著永遠得不到滿足，即使已經達到他人所羨慕的顛峰，也填補不了心靈的空虛。我不知道是在尋找自己在這世界的歸屬感，還是只想證明自己可以。

一顆心只住一個人

姊妹們常說爸媽偏心，給了我瘦高的身材，也給了我集和爸媽優點的臉蛋！大概從國中開始，身邊就出現許多追求者，走在路上也可以收到紙條，情書塞滿一個個音樂盒，情人節收到的花束讓公司同事羨慕，更有許多不知名的愛慕者。高中時期還曾經有過被追求者跟蹤到哭的糗事，弄得父親只好騎著機車出來解救我。只是對於感情，死心眼的我，在認定一個人之後，其他追求者，無論有多好的條件，就僅止於朋友，一點其他感覺也沒有。

❖

但是，只愛一個人眞的那麼難嗎？我一直不懂，爲什麼一顆心非要放進兩個人，然後弄得三個人不快樂。愛一個人，不就是希望他快樂嗎？那又爲什麼要這樣傷害對方？在出社會工作後，我才開始眞正用心地談感情，然而卻是傷痕累累，直到認識L。

說起我跟男友L的認識過程，總是令朋友感到詭異又好笑。

在結束上一段戀情之後，姊妹淘們擔心我傷心過度而得了憂鬱症，積極地爲我挑選下一段戀情的男主角，而L就是她們認爲和我最速配的對象。

我們第一次見面，是跟一群朋友到白沙灣遊玩，而當我見到這個皮膚比我還白的男生時，心裡卻仍在爲上一個男人傷感中。我站在柔細溫暖的海沙中，感覺冰涼的海水一波波沖刷著腳底的沙，突然，我被一把抱起。

「問她要不要當你女朋友，不然丟她下水！」不會吧，現在是什麼狀況，我是旱鴨子啊。

我被L抱起，往更深的海水走去，一旁的友人不停地歡呼鼓譟著：「不當你女朋友就丟她下水！」我驚慌失措，對於深達膝蓋以上的水位，有著強烈的恐懼。我抬起頭，在陽光下瞇著眼看他，發現他是帶著微笑的，這時我也才清楚看見，這白晰的男人擁有直挺的鼻子，豐厚的唇。那天，我們都帶著一身濕回家，因爲驚慌失措的我拉著他一起摔下水去。

之後，在朋友有意的撮合下，我們通了幾次電話。某次單獨約會後，他送我回家，路上他半開玩笑地說：「等等把妳載去賣掉。」

「如果沒人買呢？」

「那我就買下妳。」

我聽到這個回答楞住了。坐在機車後座的我不停地問自己，是這個人嗎？他會不會再次傷害我？他會眞心對我嗎？在工作上我是勇敢前進的，但對於愛情，我承認自己膽小。在我還沒理出答案時，家就在眼前了。

「沒人買耶，那我買下囉！請問妳要賣多少？」L痞痞地對我說。

「五十塊吧！」咦，我是怎麼回事，居然順著他回答了。

「這麼便宜喔！那我買了。」

就這樣，我以五十元賣給了L，那年生日，我收到L用五十元硬幣做成的項鍊，當項鍊套在脖子上，就代表著我已經被他用五十元給套牢了，想想，還眞是便宜他了。

❖

跟L的相處，充滿了默契。他包容我的任性，吵架的時候，我們總會有一方保持理性。相處的過程中，我對愛情的強烈不安全感，也漸漸被他治好。我們彼此體諒，當時擔任房地產業務的他，總是需要在假日帶客戶去看房子，而我也常去幫忙。記得有一回，我陪L帶一組客戶去看房子，客戶看完房子卻猶豫不決，爲了讓L可以提早下班陪我，我開始運用那三寸不爛之舌遊說客戶，從房子的格局到周邊環境，滔滔不絕，講得客戶無話可接。

「先生，這是你女朋友吧？」

「你怎麼知道？」我瞪大著眼睛看他們。

「妳也是房地產從業人員嗎？」客戶問著。

「不是，我從事旅遊業。」我有點不好意思，尷尬地說。

「其實從一開始進來我就發現，你們看著彼此的眼神很不同。」客戶走到L身邊拍了拍他的肩膀說：「年輕人，現在的女孩子，肯在假日陪著男朋友工作，而不是耍脾氣要你放下工作陪她，實在很難得，你要好好珍惜啊！」客戶說完嘆了口氣，似乎是有感而發，想當然的，這間房子是順利成交了。當晚我也樂得跟L到夜市去吃我最愛的藥燉排骨，然後在機車後座緊緊地抱著他，享受迎面而來的夏夜晚風。

愛情來時總是出其不意，當我還在為上一段愛情感到悲傷，當我決定要放棄去愛的時候，他就這樣出現了，而也許是冥冥中注定，我就這麼愛上了。L的出現，讓我感到慶幸，如果我放棄去愛，就會錯過了他，錯過了我們之間所有的美好。

2 突然，我站不起來了

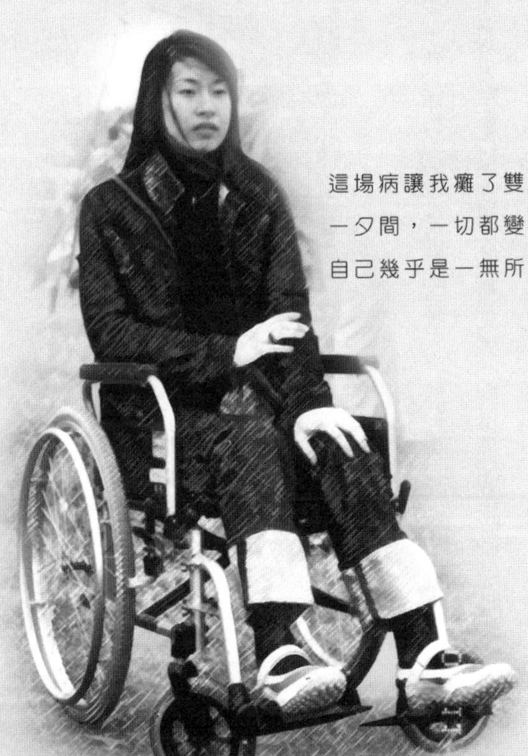

這場病讓我癱了雙腿，癱了所有辛苦建立下來的成績。一夕間，一切都變了樣，我失去健康，失去工作，感覺自己幾乎是一無所有……

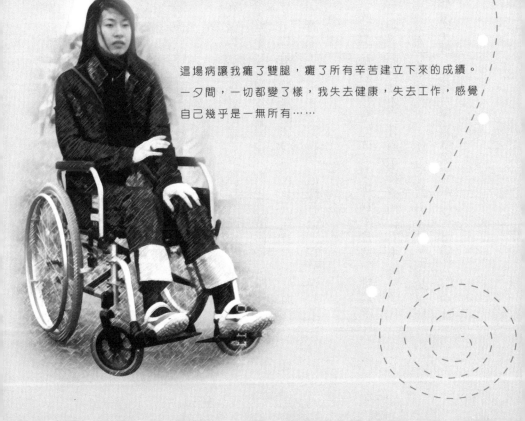

我的腿呢？

你永遠不會知道，下一秒的自己將會變成什麼樣子。

❖

某一天，處理完旅行社的事務後，我拎著包包準備回家，突然右腰部一陣酸。「喔，一定是我坐太久，姿勢不良。」摸摸自己的腰，心裡單純地認爲是肌肉酸痛，去按摩放鬆一下，過幾天就會恢復了。只是，酸痛的感覺並沒有因此減輕，反而逐漸嚴重，從原本的腰部，漸漸轉移擴大到背部，我這才開始有了危機意識，在忙碌的工作中，請假到醫院去看病。

本來預計先看家醫科，再由家醫科的醫師依照我的病況，安排我至合適的科別就診，以免掛錯科、看錯診。奇怪的是，幫我看診的並不是我原本掛號預約的那位醫師，而是一位年輕的女醫生。我心想，反正趕快看好趕快治療，所以並沒有多問，但是這個錯誤的決定，讓我一整個下午都待在診療室裡。我就像是臺被設定爲重複播放的錄音機，不斷做著重複的動作，回答著重複的問題，直到接近下班時間，我這錄音機才像是卡帶似地，抬起因痛楚而扭曲的臉，央求醫師快點給我個診療方向。

「對不起，我第一次幫人看診，妳等我一下，我去請學長來。」怎麼也沒想到，眼前這位醫師，居然是位第一次看診的醫師，我不可置信地看著她滿臉通紅，慌張失措地跑出去。

「怎麼搞的？我上了整人節目嗎？」摸著背後不斷增強的疼痛，懷疑著這一切是不是自己痛到產生幻覺了。

我的症狀被診斷為坐骨神經痛，回到家等待醫師幫我安排的復健療程，但背部的疼痛卻突然急速變強，痛得我找不到一個舒服的姿勢，只能瞪著天花板，聽著極速的心跳聲。直到凌晨，我起身想到浴室洗去滿臉的冷汗，才剛開了燈，突然背後一陣閃電似的痛楚，瞬間直竄左側腳底，還來不及反應，左腿就這樣失去了力氣。我一時重心不穩，往左邊摔去。

我驚嚇著，卻痛得喊不出聲音，扶著牆壁用右腳跳回床上去，直到母親發現躺在床上的我冷汗直冒，才喚醒熟睡中的父親與大姊。

「趕快送醫院吧，我看她狀況不太對。」大姊一把扶起我要往門口走，這才發現我的左腿沒了力氣，在下樓梯的過程中，好幾次都差點拖著大姊滾下去。搖搖欲墜地走到車旁，原本鎮定的我，突然不安地哭了起來。

❖

那是一九九八年的三月，凌晨兩點過數分鐘，父親的車速快得像救護車一樣，我將頭靠在車窗邊，不確定自己是否還清醒著。那一個夜晚，是我這一生中最難熬的一段時間，腰背的痛楚像把尖銳的刀，毫不猶豫地刺向我的背椎，我痛得無法說話，甚至連呼吸都覺得痛。

或許是因爲背上的痛強烈到蓋過一切，最怕打針的我，居然感覺不到急診部護士從我手臂上抽了一管又一管的血，只記得醫生拿著手電筒在我眼前晃，強光刺得我雙眼陷入一片黑，接著就被擺置在急診室的走廊。我拖著失去力氣的左腿躺在急診室中，無助地望著冷漠的人群匆忙來去，一旁焦急的母親，是我在這陌生空間中的唯一一盞燈。我就只能這樣，無助地等待隔天醫生的到來。撐著僅有的一點意志力，無奈感受著漸漸也失去力氣的右腿，我瞪大著眼努力殘喘著薄弱的呼吸，就深怕這口氣呼出去，就沒了下一口氣。

隔日中午，大姊請朋友透過關係找了醫生來，只聽見醫生說：「情況不太好，快點送上病房。」這才開始了一連串的緊急處理。

類固醇隨著血液，開始在體內遊走，暫時抒解了我的疼痛，但可怕的病毒不知道藏在身體的哪個部位，醫生用盡了各種最先進的儀器，幾乎是從頭到腳都做了追蹤。在長達四小時的血管攝影裡，我盯著身邊龐大且複雜的儀器，努力想釐清這一切到底是不是夢境。在這一刻之前，我還在攝影棚裡拍攝服裝照片，而這會兒，我卻拍了許多腦部斷層、脊椎神經與全身血管的照片，手上的血管也因爲抽血而到處瘀青。如果說，這一切都是夢境，那未免也太過眞實。

冷汗不斷濕透衣裳，我經歷許多讓我痛不欲生的檢查——核磁造影的顯影劑讓我吐了一個晚上；長達四小時的血管攝影讓我昏眩不適；十幾公分的針刺入腰椎，抽取脊髓液做病毒比對；類固醇的副作用讓我整個人都水腫了起來，就連嘴裡的唾液都有著苦苦的藥水味。

醫生分爲兩派，每日對我的病況進行討論，卻還是沒有人可以告訴我，問題到底出在哪裡。我整個禮拜都無法入眠，感覺病毒在體內一步步吞噬我的生命，呼吸也開始變得非常吃力，胸口悶得讓我就快要失去意識。

我不斷提醒自己要保持清醒，不能就這樣閉上眼睡去，因爲我擔心會再也醒不過來。我的青春才正開始，我的夢想才剛起步，看著病床邊早已哭紅了眼的家人，如果我就這樣莫名死去，怎會甘心……

❖

經歷了一個禮拜意志力與病魔搏鬥的驚險日子，類固醇停止在血液中流動，我以爲苦難已經結束，但卻在搖高病床，準備起身活動筋骨的時候，陷入了眞正的惡夢中。

「我的腿呢？」我發瘋似地哭喊著，就連家人也都跟著慌了。

明明是坐在床上，卻明顯地左搖右擺無法平衡，從腰部以下完全空白一片，失去了雙腿的存在感，失去對腳的控制力，腰部以下的一切，似乎都不存在了。我歇斯底里地大哭，用力捏著毫無反應的雙腿，無助地看著家人、醫生，卻沒有人可以幫我改變眼前的這個狀態。

「不是說坐骨神經痛，復健就好了嗎？」沒想到家醫科的誤判，會造成這樣難以收拾的局面。該怪自己太相信醫生嗎？還是自己不夠小心，沒多看幾家醫院？我在腦子裡怪東怪西，一直在「早知道」裡打轉，接下來的日子也都在淚水中度過。

❖

「眞的不知道是什麼原因引起的脊髓發炎，不過，再糟也不過如此。目前，病情已經控制住，不會再惡化下去了，就當作是放長假吧！我們必須安排妳到復健部去，或許，復健會讓妳恢復健康。」醫生在我平靜下來時，給了我一個似有似無的答案，然後安排我前往下一個未知的旅程。

童話故事中，公主被人下了詛咒，有一天將會被紡針刺傷而昏睡，於是國王下令將所有的紡織機給收了起來。那我呢？我不確定會不會恢復，不確定病因是什麼，不確定會不會再復發。我該注意什麼，防範什麼呢？

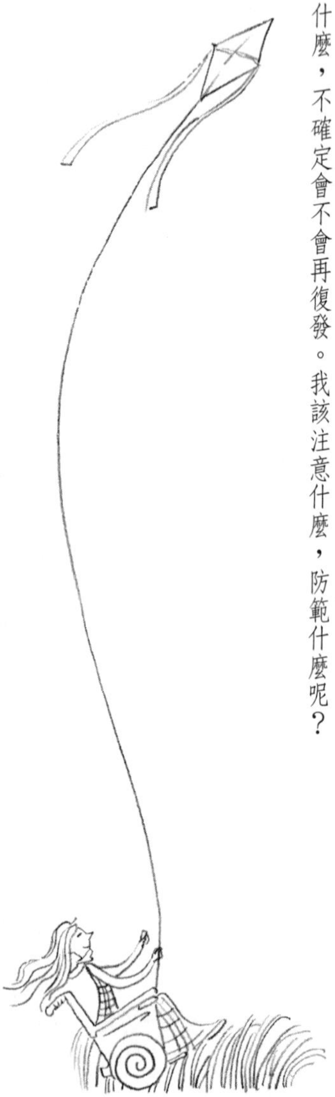

八成是無法恢復了

我的人生，突然變成一趟無止盡的雲霄飛車，當我爬到高處，正呼吸著世界的美好時，卻突然急速而下，我來不及尖叫，心臟因離心力而緊繃著，只能閉上雙眼，不斷地祈禱這一切快點停止。

❖

「走吧，我還有下一個病人要帶。」醫院工作人員走進了我的病房，解開輪椅的煞車，推動我往外走去，或許是趕時間，輪椅不斷地加速著，媽媽提著大包小包的行李在後面努力地跟上我們，在蜿蜒曲折如時空隧道的地下室，我雙手緊握著輪椅手把，努力讓身子保持平衡，直到眼前出現一道強光。

有多久沒見到太陽了，刺眼的陽光照得我睜不開眼，自從被送入急診室後，我在病房裡不知不覺度過了兩個月不見天日的生活，此時，我對陽光居然有著恐懼，不過我想，我所恐懼的並不是陽光，而是在我眼前的一切，那個充滿著不確定的旅程。

來到復健部，這裡有著看不見盡頭的長廊，雖然長廊上灑滿著溫暖的陽光，但我依然感到一陣冰冷。護士領著我們走入長廊，一旁閃過的景象，是一間間白色的病房，有的拉上簾子，更多是瞪大了眼、坐在輪椅上盯著我看的病患，對於我這個「新來的」，大家都抱以好奇的眼神，這讓我極度不舒服。

「我不屬於這裡，我跟你們不同，我馬上就可以復原出院了！」我在心裡不斷地吶喊，一路低著頭，逃避他們的目光。

我被安排在一間有三張病床的健保病房，右邊住著一對老夫妻，丈夫照顧著他輕度中風、左半側無法靈活活動的妻子，愛鬥嘴的兩個人，有著鄉下傳統夫妻的相處模式，關心都以責備來表現。而左邊的病床，來來去去，不知換了多少人，每一個出院的人都令我感到羨慕，那對我來說是多麼遙遠的夢想。

❖

「馬上可以復原出院」這個想法，在進入復健療程後，一點一滴被擊垮，對於復原的自信，在醫生、復健師、甚至心理治療師的言談中，漸漸變成令人感到諷刺的幼稚幻想。我開始亂了腳步，壞了心情，只因爲希望的氣球被一個個刺破了。

每個星期四早上八點，所有的簾子被護士給拉開，陪病床要收起，桌上的東西要整理清潔，有點像是學校的整潔比賽，大家手忙腳亂地收拾，就爲了迎接老教授的來臨。

在這個教學醫院裡面，每週四都有教授帶著實習醫生來到復健部，病人就如同關在籠子裡的白老鼠，一隻隻地接受大家的討論研究，甚至當面下了殘酷的裁判。

老教授帶著十多個實習醫師浩浩蕩蕩地走了進來，翻看著我隔壁床老婦人的病歷。「她已經過了六個月的黃金恢復期，恢復的機率不大了。」當老教授下了宣判，婦人的丈夫急忙上前想問個仔細，卻被老教授一句話給拒絕了：「我是來教學的，不是來幫你看病，有問題去找你的醫師。」

「哇！你還騙我說一定會好，醫生都說我不會好了，我死一死好了。」老婦人突然大哭起來，在一旁親眼看著這殘酷過程的我，就像刺蝟一樣，開始架起防衛自己的氣勢。

老教授看了我的病歷許久後說道：「這樣的狀況很少見，但是雙腿突然癱瘓有很多種原因，愛滋病也可能會出現這樣的狀況。」才剛講完，我就差點被這結論嚇得昏倒，這是在開玩笑嗎？怎麼會是愛滋病？老教授接著說：「愛滋病的症狀會出現泡疹，用肉眼就可以觀察到，我們先看看她身上有沒有泡疹。」於是我的衣服被掀開，讓所有的實習醫師察看完後蓋上。「很好，沒有泡疹的現象！」天啊！怎麼我又有上了整人節目的幻覺，那麼我這一集肯定收視率最高吧。

我躺在病床上，像隻老鼠一樣被翻來看去，醫生們說著我聽不懂的專業術語，老教授一皺眉、一抿嘴，每個動作都牽動著我原本就極不平順的心跳，心情就這樣隨著老教授的表情起伏不定，直到老教授轉過身對我下了結論：「這個病歷非常特殊，雖然查不出病因，但是，以我行醫二十幾年的經驗看來，這個病人百分之八十是無法恢復了，除非有奇蹟發生。」

老教授的話如一陣雷打在我頭頂，將我好不容易建立起來的信心全部都打碎了，老教授的宣判，讓我瞬間往地獄裡重重摔去，未來的路也突然像停電般，漆黑一片。我的怒氣與悲傷在心裡不斷翻攪著，連一旁的住院醫師也觀察到了。「小姐，妳最近有沒有感覺什麼變化？」老教授這麼一問，我就像是被點了火的汽油，瞬間將囤積許久的怒氣爆發出來。「感覺？什麼感覺？你們醫生都檢查不出來了，你還說我不會好了，眞不愧是個教授！」吼完，才發現一旁的住院醫師已經緊緊掐住我的手，試圖阻止我與老教授的衝突，我用力甩開住院醫師的手，並狠很地瞪了一眼。

如果你不是來幫我看病，不是來替我治療病情，那麼也請別對著我落井下石，我已經不堪一擊，只求給我一條可以繼續走下去的路，這是我最後的希望，我發出的怒吼，說穿了，只是個垂死的哀號。

教授帶著實習醫師離開，病房裡只剩下哭泣的聲音。

一旁的社工走向我：「這位教授是這家醫院的權威呢，以他的經歷來說，判斷是絕對準確的，妳要面對現實！」面對現實，現實是什麼呢？不明原因的病？還是憑著經驗而判定的事實？社工不但沒能讓我停止哭泣，反而狠狠又揮了我一拳。

我呆呆地坐在床上，豆大的眼淚毫不猶豫地從眼裡狂洩而出，大姊在一旁什麼話也沒說，只是靜靜陪伴。我抽噎著，滿病房的豆漿味道，早晨就從這個壞心情開始。

在這之後，每個星期四的早晨都會上演著同樣的戲碼：老教授開著他心愛的大卡車進入病房，從最後一床開始輾過，再輾過我，當卡車開離現場，病房就會陷入一片死寂，除了哭聲，大家對於未來的希望，都蒙上了一片灰。

治療。

難過歸難過，復健還是要進行，我的復健療程有：職能治療、物理治療，以及心理

職能治療是訓練我可以處理生活起居，回到家以後也可以照顧自己。雙腿癱瘓之後，我就如同小孩子一樣，連穿褲子都要重新學起，光是從輪椅移位到床上，就讓我感到挫敗。明明輪椅已經貼近床邊，小小的距離卻因爲無力的雙腿而顯得遙遠，我拉起輪椅的手把，一手扶著床，另一手扶著輪椅，在心裡默數著「1、2、3」，瞬間用力打直雙手，撐起身子往床邊移動，但無力的腰部卻在此時失去重心，就這樣卡在輪椅與床中間，進退兩難。單單一個移位動作，練習了許久還苦無進展，直到後來才知道使用蠻力是不行的，訣竅就在於瞬間的動作，只要稍有猶豫，就有可能失敗，所以在移位的瞬間，心裡要有著絕對成功的自信，然後才能成功完成移位的動作。

物理治療是喚回我可能還有救的肢體功能，訓練我以輔助用具代替失去的肢體功能，不過我遇到一位有點懶惰的物理治療師，在有實習治療師進駐的時候，我偶爾才會見到他，但他總是睡眼惺忪地交代了幾個療法，就叫實習治療師幫忙我做。

有一回，我向我的治療師要求能夠穿上鐵鞋，靠自己的力量站起來，做更進一步的復健，治療師卻以我的狀況太差，穿上鐵鞋也無法站起來爲由，拒絕了我的請求。當時的實習治療師們即將畢業離開醫院，其中有一位女學生看到我被拒絕，主動幫忙我跟治療師溝通，那天，他們的對話有點火藥味。

「老師，她還那麼年輕，你不讓她試試看，怎麼知道不行？」女同學聲音明顯有點大，引起旁邊病人的注意。

「好啊！妳覺得她可以，妳留下來繼續打工幫她呀。」我的治療師說出這句話，讓我覺得心裡一陣涼。

只見那位女同學轉頭就走向輔具房，拿出了木製拐杖到我身邊量著高度，然後幫我綁上腿部的布製支架，跟媽媽兩個人就把我給扶了起來。

「哇！妳這麼高啊？」治療師看著學生這樣堅持，這時也才不好意思地趕過來幫忙。

「我們老師啊，就是懶，但是他心很軟，只要妳不斷地懇求他，他還是會幫忙妳的。」看她汗流浹背，一邊扶著左搖右晃重心不穩的我，一邊還要重新調整拐杖的高度，我內心真的非常感激她，要不是她肯幫忙，我大概也爭取不到穿上鐵鞋的機會。雖然穿上鐵鞋後的復健更加吃力，常常因爲重心不穩而摔了下去，但是每每想到這個得來不易的療程，想到那個可以輕鬆畢業走人、卻堅持讓我穿鐵鞋站起來的女孩，我還是會咬著牙撐下去。

❖

提到我那「長髮公主」心理醫師，她有著甜美的笑容，長到幾乎碰到地板的頭髮。她夢幻般地出現在我的面前，但卻在我第一堂心理治療課的時候，讓我徹底幻滅，崩潰地大哭了一整天，只因爲她一腳踩進我的地雷區，問了一個我還來不及去想的問題：「妳的病大概就是這個樣子了，妳有想過以後要怎麼辦嗎？」

「哇！」我大哭了起來，弄得一旁陪我一起來的媽媽也哭紅了眼，一堂心理治療之後，我的心情又再度跌到谷底。

之後就習慣性地蹺心理課，直到長髮公主翩翩來到我病房，輕輕地對我說：「或許是我太急了，沒有考慮妳的感受，但是因爲心理治療的時間很短，所以我急著切入主題，我們下次改個方式吧。」長髮公主改變了治療方式，輕音樂中，用她夢幻又輕柔的嗓音唸著詩句，要我閉上眼睛冥想著關於大自然的景象，然後在課程結束前問我：「妳有什麼想法？」不知道是因爲我沒慧根，還是我沒認眞，滿腦袋都是晚餐菜單的我，每次都隨便敷衍幾句，結束了心理治療課程。

但不可否認的，輕音樂的確讓我放鬆不少緊張的情緒，在一整天的復健中，總會遇到許多挫折，甚至冷言冷語，難得可以靜下來，讓自己好好地宣洩憂傷，重建信心。說來，在住院期間，長髮公主也給了我不少安慰。

❖

住在復健部的時間裡，我常這樣不斷地建立信心，然後又被打擊信心，我永遠在和自己的心情拔河。不知道從什麼時候開始，我的心臟被訓練得如此強硬，對於老教授、復健師等諸多的打擊，漸漸有了抗體。

雲霄飛車不斷地往下墜，我緊閉著雙眼，突然間又往上升起了，然後緊急來個大迴轉，我的心在雲霄飛車上繃緊著，不知道下一步又會是什麼樣的驚喜。

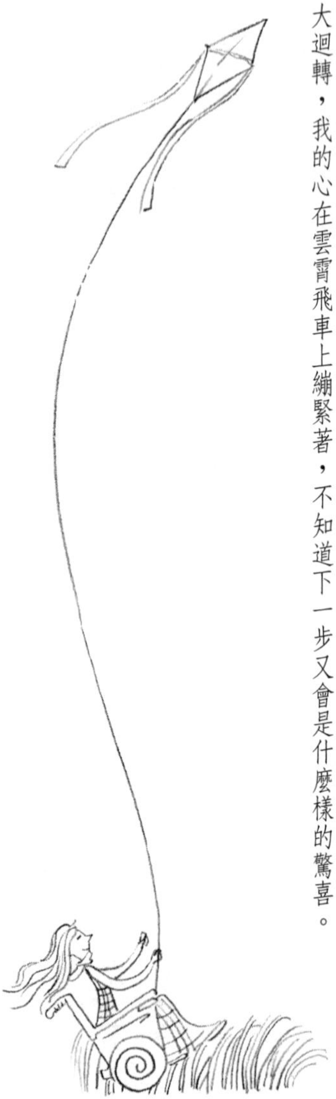

坐在輪椅上

眞正面對坐在輪椅上的自己，是從出院的那一天開始，我永遠不會忘記當天的烈陽，是那樣炙熱地灼傷了我的心。

❖

我推著輪椅準備離開醫院，身邊是大包小包的行李，以前總是羨慕別人可以出院，輪到自己出院，不但一點也不開心，還有著不安的心情，因爲我並不是因爲痊癒而出院，只是健保的住院期限到了。帶著這樣的身體離開醫院，我將會走入一個什麼樣的未來？我能面對嗎？我能適應嗎？

強烈的陽光照得我睜不開眼睛，我瞇著眼觀察這車水馬龍的熟悉街道，心情是緊張的。當身子挨近車旁，才突然想到自己無法再輕鬆地跨上車了。男友L一把將我抱進車裡，車外是一雙雙好奇的眼神，我迅速低下頭關起車窗，也關起了自己的心。

車子開到家，卻被那習以爲常的違規停車擋住了殘障坡道，從來沒有想過這坡道原來是如此重要，也沒想過這爬了二十多年的樓梯，有一天會變成自己的阻礙。父親背起了我，像小時候背我一樣，爬上了一階階的樓梯，而身後則是扛著輪椅、氣喘吁吁的母親，我才剛被安置在床邊一會兒，就啜泣了起來。

怎麼會這樣，這個熟悉的世界變得如此陌生，坐在床邊的我，如果沒有輪椅就哪也別想去，連伸手想拿一旁的水，都因爲重心不穩而無法達成。這樣的我，到底該怎麼活下去？以後又該怎麼辦？想到這，所有的不安就隨著淚水宣洩而出，誰也不敢前來安慰，只是在一旁陪著落淚。

出院後的我，生活有了改變，心情上亦是。穿著絞盡腦汁搭配的時尚裝扮上街，那是以前的我；穿著輕便運動服，不情願地套上菜市場買來的俗氣涼鞋，這是現在的我。帶著愉悅心情，踩著輕快的步伐，不曾留意著周邊的人事物，那是以前的我；掛著哭喪的臉，左右張望，閃躲著旁人的目光，這是現在的我。

我對於「復原」的自信不斷動搖，希望與絕望幾乎天天在心裡交戰著。檢查不出來，應該也會突然好起來吧！醫生說我百分之八十的機率是不會復原了，醫生是專業，應該就像他說的那樣吧！我的內心充滿矛盾，常常在深夜的時候安慰自己，或許明天一早醒來，會發現自己恢復了，然而卻在隔天早晨睜開眼後，陷入了失落，接著我會在下午告訴自己，復健後一定可以恢復，但又在苦無進展的復健中失去耐性。就這樣，希望與絕望的戰爭不斷上演，幾乎要把自己逼瘋了。

「爲什麼是我？爲什麼檢查不出來？爲什麼會醫治不好？」我的腦子裡裝的全都是問號，不停地問著，卻沒有一個解答。

對於未來的恐懼，在我心裡是個地雷區，不許他人接近，自己卻又常在夜深人靜的時候偷偷地去揭開。像這樣坐在輪椅上，出去一定會被恥笑吧？一定會被當成累贅，要是哪天沒人肯照顧我了，我該怎麼辦？滿腦子的負面想法，讓我每想到這個問題就崩潰地流淚。地雷愈埋愈多，心裡的防衛之牆也愈築愈高，最後誰也無法碰觸牆後的我。

除了漸漸失去對於恢復健康的信心，自信光芒也漸漸地黯淡，我開始害怕別人盯著我看，害怕出門，害怕走進這我生活著的世界中。

「她喔，很在意人家的眼光！」每次朋友來訪的時候，媽媽都會和他們談起這個話題，而我也因爲這話題跟媽媽爭辯了無數次。

我一直認爲，並不是我刻意留意別人的眼光。不知道你有沒有試過，當你專注地看著某個人，不一會兒，他一定會發現，並回頭找尋目光的來處。

有一次復健前，我獨自坐在樓下等爸爸將車開過來。我利用大門擋住自己，就怕別人看到我坐在輪椅上的樣子。夏日的豔陽曬得我直冒汗，轉過頭翻找放在輪椅後的面紙，卻發現一個老伯伯拎著早餐袋子，站在酷熱的陽光下盯著我看。

「妳要是沒在看人家，又怎麼知道人家在看妳……」媽媽的話像個警告視窗，跳進我腦袋中。

我索性轉過頭用面紙擦去額頭上的汗珠，過了一會，我轉頭想將面紙放回輪椅後。嘿！有趣的發現，那老伯拎著早餐，同樣的姿勢，同樣還在酷熱的陽光下盯著我看。

「妳要是沒在看人家，又怎麼知道人家在看妳……」在腦中，我狠狠地將這訊息刪除，然後也盯著那老伯看。

我們的舉動有點詭異，就像是西部牛仔片裡準備決鬥的兩個人，刺眼的陽光，讓盯著對方看的兩個人都不由地半瞇著雙眼，頂著豔陽，兩個人比著耐力。

「哼，我怎麼能輸給你，我可是傳說中的電眼女王呢！」腦中出現一段自己都覺得爆笑的旁白。

不知過了多久，老伯開始覺得尷尬，在被陽光曬得發燙的地板上來回踱步，手上的早餐袋開始不安地搖晃著，眼神飄來飄去找不到一處定下，臉上也不知道是被太陽曬紅還是羞澀得臉紅，然後他尷尬一笑，轉過身去。

「嘿嘿！獲勝！讓你也嚐嚐被人盯著看的滋味。」吹散了槍上的白煙，咻咻咻地要了一下槍，放回槍袋。

❖

「啊！林先生早！」媽媽下樓來，從背後不知跟誰打招呼。

「啊，早安！」

哇咧，不就是那跟我決鬥的老伯嗎？糗大了。

「這是妳女兒呀？」老伯跟媽媽似乎很熟，熱烈地寒暄著，這會兒，該我臉上出現不知道是被太陽曬紅還是羞澀得臉紅！

「是車禍嗎？」老伯追問著我的狀況，這是我最不願意回答、也不願意碰觸的話題，但幾乎人人一見到輪椅上的我，就一定會問起我的狀況。

「她不是車禍，是因爲……」媽媽永遠是我的最佳代言人，通常這個問題都由媽媽代替我回答的，她知道我不喜歡提起我的病，甚至還喜歡用「懶得走路！」來回答別人對我的好奇，因爲對我來說，每一次提起病情，就心如刀割，我沒有勇氣再度回想當時的情況，我懦弱地用沉默來回答一切關於病情的經過。

失去了雙腿的行動力，似乎也連帶地失去了原本身上散發的自信光環。我變得畏縮、膽小、懦弱，灰色的濃霧籠罩著我，就連強烈的陽光也無法照入。我不知道自己可不可以繼續走下去，接下來的日子又將會有什麼樣的戲碼。

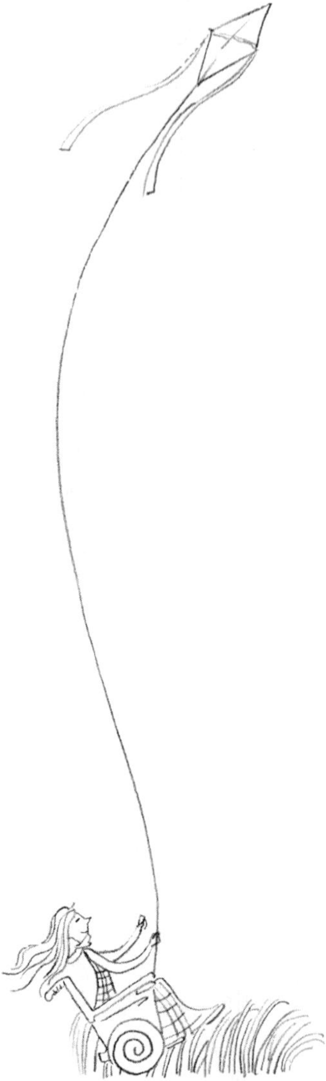

連神明也救不了我

當你面臨迷惑，困在茫然中，你會選擇相信誰？神明的指示、醫生的斷定，還是相信自己？

❖

這個不明原因的病讓家人都慌亂了。出院後，我開始了一連串的尋訪名醫旅程，爸媽帶著我跑了許多家醫院重新檢查，每一次的檢查不但帶來身體上的折磨，更考驗著我的情緒。

最怕打針的我，不停重複著打針檢驗的步驟，針孔在手臂上留下清楚的痕跡，鮮血哀號著身心的痛楚，只是每一次的檢查，答案都不盡相同。

醫生們仔細聆聽母親的敘述，希望從我的發病過程中，盡量去尋找可能的病因，但卻沒有人可以肯定地告訴我，這病究竟是怎麼一回事。

「看起來是神經發炎，時間有點久了……」

「可能是血管破裂吧，當初檢查血管沒問題嗎？」每個醫生幾乎都是搖著頭，甚至比我更加疑惑這病的原因，而每一次檢查後的失落，都讓我更加往黑暗裡沉淪。

❖

我也嘗試過傳說中厲害無比的密醫，不但花了很多冤枉錢，也換來一身傷痕累累。記得剛出院時，媽媽曾經帶我去一家專擅低週波治療與推拿的國術館，我趴在治療臺上，任由他們在我身上彎折，骨頭喀啦喀啦地響，有感覺的地方很痛，至於沒知覺的地方，就算是痛，我也感覺不到。

我其實不是很喜歡這樣的治療方式，因爲我完全不知道我的肌肉與骨頭關節，會不會因爲這樣而受傷，會不會因爲這樣而讓狀況更差，只是我也沒有做主的能力了，我無法反抗掙脫逃離現場，只能趴在那像隻待宰羔羊，好壞就只有聽天由命了。

有一回，師父正在跟店裡的一位年輕小姐聊天，或許是我打擾他們愉快的聊天吧，他非常不專心地幫我做按摩，然後從滾燙的保溫爐中，拿出中藥熬煮的熱敷袋，用毛巾包裹好，就放在我的背上、腿上、腰部，當然，完成這步驟之後，他就馬上回去和那小姐繼續愉快地聊天。

「哇！這有點燙耶，不會怎樣嗎？」媽媽擔心地將我身上的熱敷袋拿起來降溫，一方面也向那師父詢問。

「不會啦！我有用毛巾包著啦！」敷衍回答幾句後，他們就繼續愉快地聊天，外面傳來汽車喇叭急促的響聲，爸爸的車子必須移動一下，於是媽媽也跟著出去查看。就這樣，等到他們回到治療室掀開熱敷袋，我那無知覺的雙腿已被熱敷袋燙傷了，然後是爭吵、責怪、慌亂，外面那小姐也無趣地離開了。

二度灼傷，我的雙腿膝蓋後彎處，一大塊的灼傷，連我自己都不敢去看。隔日，師父帶著歉意到家裡來幫我抹上燙傷藥膏，此刻的我已無任何表情，也無任何情緒，內心除了無奈，還是無奈。

我冷眼看著媽媽生氣地抱怨另一位師父的治療態度，其實，不就是這樣嗎？他又不是我，我也不是他的誰，所以我的痛苦他不必去在意。痛！並不在他的身上。

我的腦袋裡充滿了消沉的想法，我想，那位年輕女孩並不會知道他們愉快地聊天後，帶給我的卻是這樣的醫療疏失。出了國術館，她依然是個可以到處去的女孩，而那位師父，頂多離職另謀出路，他依然感受不到我的痛和媽媽的焦急，因爲他們並不在乎。

由於身體的循環差，我這燙傷敷了將近兩個月才好，並且在我的腿上留下了明顯的疤，也在我心裡烙下一個深刻的痕跡，一個感受到冷漠的印記。每個人的身上多少都存在著「疤」，不論是身上，或是心裡。然而，身上的疤痕或許可以利用藥品或儀器抹去，但心裡的疤痕，卻可能一輩子都抹滅不去。

❖

因爲這不明原因的病，鄰居與親戚朋友都提出各種不同的意見，除了各式各樣的民俗療法，就是關於食物的禁忌，但大家的熱心卻變成我的壓力。

「不准吃！」

「人家說妳不能吃那個！」

「妳就是吃了那個，才會這樣啦！」

突然間，我有很多食物不能吃。

「人家說筋骨不好，不可以吃竹筍！」

媽媽今天又從外面聽來這消息，我望著桌上那一鍋熱呼呼的竹筍湯，狠狠將口水嚥了下去。

「那我喝湯總可以吧？不吃竹筍！」我討價還價著。

媽媽瞪了我一眼，我拿著湯匙的手，這才甘願地收了回來。平時最喜愛的飯前熱湯，現在就只能看著弟妹們在我面前過癮地喝著。

「哇！麻婆豆腐！」

香辣的麻婆豆腐拌在白飯中，光這道菜就可以讓我吃掉兩碗飯，興奮地扒了第一口飯，溫暖的白飯送入口中後，大腦就開始期待著印象中那香辣的刺激味道。

呃！不對，已經咀嚼了三次，麻婆豆腐的肉汁香味佈滿口腔，豆腐也跟著融化其中，卻還盼不到熟悉的嗆辣感，不放棄地再度扒了一口飯。

「啊？爲什麼麻婆豆腐不辣？」我皺起眉頭抗議。

媽媽看了我一眼說：「妳不能吃辣！」

「什麼？爲什麼我不能吃辣？這次又是誰說的？」

我幾乎要崩潰了，腿已經失去知覺了，居然還要剝奪我味覺的感受，到底是誰在亂說呀！

「妳不要管是誰說的，人家會這樣說也是有原因的，反正小心點總是比較好！人家說骨頭不好不可以吃筍子！有人吃了筍子更嚴重呢！」

看著媽媽喝了一口熱竹筍湯，我又再度嚥下口水。

「但是我的檢查中，骨頭都是正常的啊，又沒什麼問題。」

我實在太想喝熱湯了，尤其是在這樣冷冷的天氣裡。

「還有啤酒，也是不可以碰的，會讓筋骨更不好，還有那些內臟類的食物……」

媽媽洋洋灑灑列出了一堆傳說中會對我病情不好的食物，接著又喝了第二口熱湯。

「但是—但是—我只是想喝點熱竹筍湯呀！」

媽媽瞪了我一眼，一邊盛給我一碗湯，一邊唸著：「不聽人家說，隨便妳啦！好不好都在妳身上，誰也替不了妳。」

我楞了一下，還是將那碗湯給喝掉了。

我一直清楚記著，食物的攝取不可過量，過量才會造成傷害，如果我對於食物有太多的選擇與排斥，那麼因爲挑食而營養不良的情況才會對身體不好呢。

咦！炒空心菜的味道！大火炒著空心菜，先用蒜頭爆香。哇！這是我最愛的呢！菜一上桌，我的筷子就如戰機般發出攻勢，筷子才剛伸了出去，就被媽媽的筷子擊落。

「不是給我吃的喔？」我無辜地看著媽媽。

「人家說妳這樣的病不能吃空心菜。」

媽呀！又來了！

自從這場無名病發生後，醫院的醫生無從給藥，所以也只能說飲食百無禁忌。但是民間流傳的一些祕方療效，卻依然改變了我原本的生活，但正確與否，誰也不清楚。

❖

當科學無法解決問題時，人們往往會從神鬼論去嘗試尋找答案，所以在這一段期間，爸媽帶著我跑遍了大小廟寺，從著名的廟宇到巷子裡的神宮，總擔心著會錯過任何一個機會。他們幾乎是做地毯式的搜索，上山下海地問遍每個廟寺，奇特的是，幾乎每個地方都有不同的說法，當然我們也就不知道該怎麼做才是對的。

記得某次在鄰居的介紹下，爸媽帶著我前往一家位在巷子裡的神壇，煙霧瀰漫著窄小的空間，讓我原本就不舒服的身體，更加虛弱無力。我瞇著被煙嗆得直落淚的眼睛，看見有位中年人從煙霧中走來，跟旁人交談幾句，在我身邊的圓板凳上坐下。

「妳不要擔心，只要好好配合神明，神明會替妳做主的。」中年男子對我說完這番話，就轉過身去閉目準備，他是個乩童，在頭上纏了一條紅布，手上拿著一大把香，表情極為嚴肅。

我靜靜地在一旁等待，看著乩童搖晃著腦袋，看著原本就很小的圓板凳，因為乩童的用力搖晃，陷入無力直發抖的窘境，我一面同情著圓板凳的處境，一面卻本能地閃躲乩童，就怕他一個不注意，過度甩動的身子會打到無法逃離的我。

「碰！」乩童突然用力拍桌，我嚇到幾乎可以從輪椅上跳起來，如果是這樣，那麼應該也算是神蹟出現吧。

「請問，是哪位神明降駕？」

「我是三太子，妳不要擔心，今天我一定會把妳醫治好的。」

此時的我，眼睛閃著光芒，全身的血液沸騰著，因為乩童的這番話，讓我非常感動，跑了那麼多的醫院，尋訪了無數個醫生，從來沒有一位醫生敢這樣確切地向我保證。我努力配合著乩童的指令，卻無法感受到他所說的力量，直到身邊的辦事人員抓狂地吼著。

「妳這樣不肯配合，神明怎麼醫治妳？我看妳一定是前世業障太重了。」我慌張地看著乩童放在我腿上的手，卻依然感覺不到有一股熱流往腳底竄。

「你們不要吼她，她坐在輪椅上已經很可憐了，我試試看灌頂吧，或許她腦子裡有東西卡住了。」乩童說完這番話，就迅速地運氣，將手放在我腦門上，然後不停晃動，嘴裡也不知道唸著什麼，我只感覺到頭部開始產生暈眩。

「有感覺了吧？」乩童問我。

我抬起頭，眼神恍惚地看著他說：「有。」然後差點將晚餐吃的食物都嘔了出來。一旁的圍觀者突然群情激動，興高采烈地讚著乩童的神力，也焦急地詢問我的感覺。

「妳感覺有熱流經過全身嗎？還是……」

「我的頭好昏喔。」我看著一旁露出擔心神情的媽媽，好不容易才忍住嘔吐，說出感受。

「哇！好現象，有感覺就是好現象！」乩童亢奮地拿著硃砂筆在紙錢上揮舞著，一旁早有人準備好打火機，接過紙錢後就快速點燃然後丟進水裡，清水剎那間變成混濁。

「來，喝掉！」我看著眼前的黑水，嚥了嚥口水：「請問喝一口還是全喝？」

乩童轉過來看了我一眼：「那就看妳想恢復到什麼程度了！」

我瞪大著眼，二話不說地一口氣把黑水給乾了：「開玩笑，我當然是想完全恢復呀！」

乩童看我如此豪爽，激動地指著我吼著：「來！站起來給大家看看！」

我楞在原地，看著無力的雙腿，無論我怎麼努力地想動，它們依然不受我控制，直到出現兩個壯漢，他們一人一邊將我拉了起來，我的身體瞬間被打直，在大家的驚呼聲中，我突然也有了已經恢復的錯覺，卻在低頭看到那如女鬼般離地三尺的雙腳，又再度回到失望中。

「你們這樣扶著她，她會有依賴性，放開！」乩童對壯漢下達命令，他們猛然鬆手。

「啊！」一陣尖叫，待我回神，已經趴在地板上了。

這樣怎麼站起來？腰部以下一點感覺也沒有，就連摔倒也是雙手碰觸地板才感覺到，怎麼可能是恢復了呢？我轉過頭去問乩童：「你不是說我可以站了？」

只見乩童一臉驚訝，對著無助的我說：「對不起，我三太子年紀太小，無法醫治妳，我回去請王母娘娘來幫妳。」

我又再度有種上整人節目的感覺，眼睜睜地看著乩童往椅子上一躺，退駕。母親慌張地把我扶上輪椅，我一句話也說不出來，只感覺到劇痛。我的神經沒恢復，感覺不到痛覺，所以這劇痛，來自於心裡……我的心好痛，醫生無法醫治我，連神明也救不了我，叫天天不應，叫地地不靈，我該何去何從？

在這之後，母親不再帶我去做神療法，但依舊會拿著我的衣服去給人作法，甚至父親也曾攀爬高山，只爲了找一紙深山修道隱士給我的命運解盤。許多看似荒謬的事情，父母親卻毅然前往，不放棄任何機會是父母親對我的堅持。爲了我的健康，父母親爲我到處奔波著。

❖

在這之後我發現，民俗治療師父在經過努力後，若依然無法治癒我，會說：「妳太慢來找我了，要是早一點來就不會醫不好。」乩童在醫治不好我的時候，會用「妳的前世業障太重，要多做幾次法事才會好」來做爲藉口。而家人與我，怕錯失機會，卻也擔心又傷痕累累。這是一場無止盡的矛盾，內心不斷交戰著，明知道前方可能又是一場災厄，還是硬著頭皮闖了去，只怕錯失哪個可以復原的機會。

就像一隻誤闖進屋裡的麻雀，被這個沒有藍天的陌生空間嚇得四處亂竄，只要有類似出口的一絲光亮，就見牠奮力地往前衝，衝得頭破血流，遍體鱗傷。

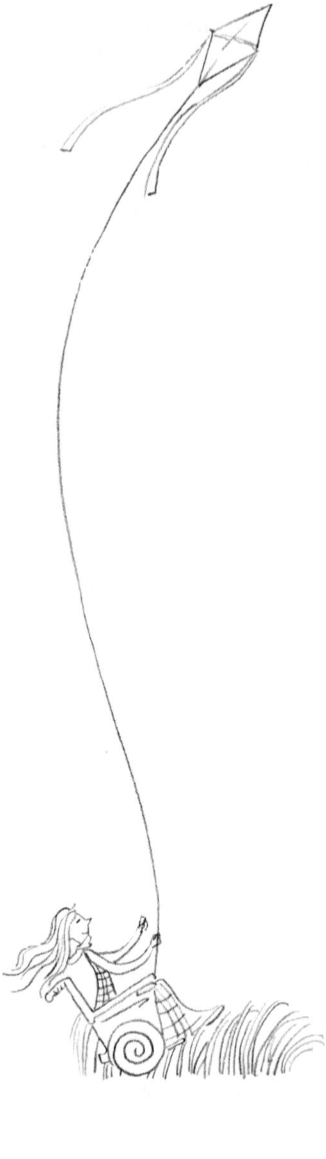

在家沒事做的安靜米蟲

電話鈴響，劃破了空間的沉默，但在我的房裡，依然是一片死寂，我聽不到，也看不到，不，應該說我不想聽到，也不想看到。我幾乎是與世界隔絕開來，呼吸著只有我獨自體會的苦澀空氣，任由電話喊破喉嚨，也休想我前去接起。

躲在房裡的我，開始抗拒所有人的關心，因為過多的關心，也造成我的心理壓力。出院回到家後，朋友們常打電話到家裡找我，總是關心地詢問著：「怎麼會這樣？那醫生有說什麼嗎？」

這雖然是句關心的話，但是，每每要我重新解釋一次病情，就像是拿著鹽巴往自己的傷口灑去，痛得我緊閉著嘴，淚流滿面。而關於醫生給我的判定，更是令我無法說出口——一句「不明原因」，一句「百分之八十不會恢復了」，都深深刺痛著我，讓我感到絕望。他們怎麼忍心要我重複說著自己的傷痛。

有一次，朋友們愉快地在同學會的時候打電話來關心我，甚至鼓勵我出門與他們同樂，而我則解釋著自己的狀況，告知他們我出門的不方便。

「不會啦！妳不用擔心，我們這裡有很多個猛男，稍微扶妳一下，就可以站起來走到車上……」

「不行！因爲我的雙腿完全不能動，甚至連腰部都沒有力氣。」我費力地解釋著我的狀況，同學們還是努力想著不適合的解決方法，爲了就是想帶我出去走走。

只是，現在的我，出門就是個麻煩，除了行動上的不方便，如廁問題更是麻煩，讓大家看到這樣的我，有多麼難堪。我內心的想法，是他們無法理解、也一時解釋不清的。如果不是病了，這時我也應該在他們之中，參加一場難得的同學會吧！大家的熱情，在此時卻變成一把銳利的劍，狠狠地砍著我，一刀又一刀，胸口也一陣一陣的悶。

❖

回到家後，許多該面對的問題，一個個浮出檯面，從前嚮往「睡到自然醒」的生活，現在雖然實現了，卻顯得痛苦，因爲之所以可以睡到自然醒，就是因爲沒了工作。

每天早晨，聽著姊妹們出門前與母親寒暄，聽著一次又一次的關門聲，一個個出門工作上學的家人，直到客廳恢復寧靜。我悄悄起身，靜靜地不敢出聲，心裡直認爲，一個在家沒事做的米蟲，是不該發出任何聲音的。

「鈴—鈴—」討厭的鈴聲，居然選在母親出門買菜的時候響起，我摀住耳朵，卻覺得電話鈴聲愈來愈大，跟打雷聲響一般，讓我不得不去接起它。

「喂，您好，這裡是經紀公司，我找余秀芷。」

「我—我就是。」太久沒接電話的我，拿著話筒的手直發抖，連說話都結巴。

「明天有一份平面廣告的案子，廠商想請妳來試鏡，妳有空過來公司一趟嗎？」之前經紀公司就提過，只要順利走出第一場秀，往後的機會就會接二連三出現，只是沒想到，我卻在這時候癱了。我看著自己的雙腿發楞，直到電話那頭的經紀人喚我。

「我生病了，明天沒有辦法過去。」閉上眼睛，一口氣講完。

「好吧！那妳病好後，記得常到公司來，很多案子都很適合妳。」

掛上電話，房間又恢復原來的死寂，腦子裡亂七八糟地出現著許多畫面：之前在旅行社所建立下來的成績，那一步一腳印和姊姊一起努力的成果，還有剛起步的模特兒生涯，以及那場得來不易的服裝秀。這一切的一切，在我眼前突然漸漸模糊，然後順著臉龐滑下，嵌入水藍色的床單上，蒸發，一切就這麼靜靜地消失，就連哭泣也是那樣地安靜無聲。

從此之後，我開始害怕聽到電話鈴響，拒絕所有的關心，也因為如此，我的朋友漸漸少了，經紀公司也不再打電話來了，一切的成績與夢想，似乎到此劃上句號，消失在我的世界裡。

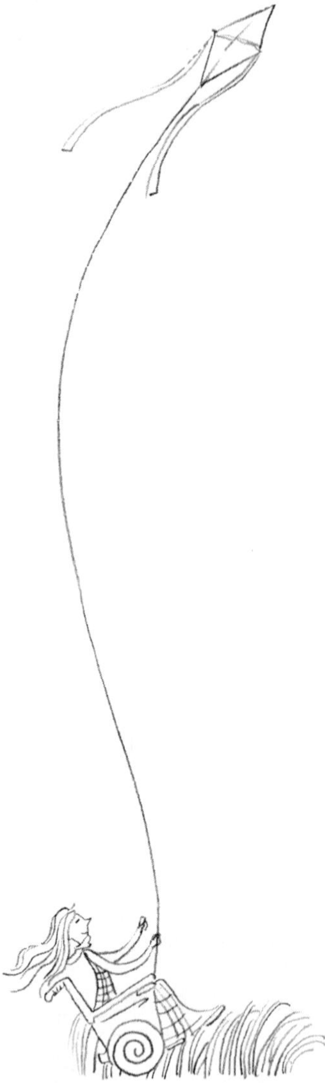

你覺得我還有魅力嗎？

無法站立的我，將自己關在房間，關在輪椅上，關在自己的內心裡，對於身旁的事情開始顯得漠不關心，就連電視裡的搞笑節目，也無法將緊閉心中的笑容給引誘出來。

我以爲這一切都到此爲止，就連感情也一樣。

但是男友L並沒有因此離我而去，他依然在我需要他的時候出現身邊。我總在他背著我上下樓梯的時候，聞著他脖子上熟悉的味道；而即使半夜，他也會出現在我房裡，安慰著誰也無法令我平息的悲傷情緒。L總任由我哭泣，只是在一旁抱著我，輕輕摸著我的頭，在我哭累得睡著時，幫我蓋上被子，悄悄關上門離去。

對於L，我有著很深的愧疚，他對我愈是疼惜，我愈是滿滿的愧疚。然而他卻還是用著各種方法，想帶我走出內心那灰暗的世界。

一天下午，我與L在房裡，他看著書，我整理著桌上的東西，忽然一紙廣告單出現眼前，模特兒姣好的臉蛋挑起女人購買保養品的慾望。有多久沒化妝了？我也弄不清楚。看到百貨公司的特價廣告，才發現這些保養品似乎消失在我生活中很長一段時間。

「L，你覺得怎樣的打扮才算好看啊？」

「淡妝吧，我覺得女孩子適當的淡妝，可以增加女性美。」

對於女人話題，L總是可以跟我輕鬆討論，有時候，我們甚至可以聊到更深入的女人話題，偶爾玩瘋了，我會開玩笑地叫他一聲好姊妹，他也會手捻蓮花指，故作女人姿態地跟我玩了起來。

「那麼，你覺得我有魅力嗎？」女孩子，總愛問這樣試探性的話題，明知道男人一定會給肯定的回答，卻還是想聽他說出口。

「妳呀……愈來愈沒有魅力了！」L看也沒看我說。

「什麼？」聽到這個出乎我預料的答案，我的臉青一陣、紫一陣。

L依然逕自看著他的書，留下一旁錯愕的我。

這句話讓我幾乎失眠，我對著桌前的鏡子發呆，看著鏡中蒼白的臉，一頭凌亂無型的髮，L是覺得我醜了嗎？還是我蒼老了許多？

❖

隔日，特意在L來之前塗上淡淡的唇彩，將頭髮一把綁到腦後，這是我盡力找回魅力的唯一方法。

L見到我，只是微笑摸摸我的頭，拉下了髮圈說：「頭髮放下來比較好看。」

「來！」他坐在床邊，將我的輪椅轉向他。

「我們來玩個反應遊戲！」

他將我的手疊在他的手心上，然後突然一個轉向，他的手重重地打在我的手背，痛得我皺起眉頭張大著嘴，一臉不可置信地看著他。

「你怎麼可以打的這麼用力！」我氣呼呼地，一邊摸著發紅的手背，一邊抱怨著，而他，只是在一旁嘻嘻地對我笑著。

「不服氣，那換妳打我呀！」他將手放在我的手心上，一副我打不到他的表情。

在這個午後，房子裡充滿尖叫與嘻笑聲，直到我們兩個人的手又紅又腫，這才停了下來。

「妳知道我昨天爲什麼說妳愈來愈沒有魅力嗎？」

「因爲你不愛我了，你愛上別人了！」我開玩笑地嘟著嘴說。

L吻了我一下，摸摸我的頭髮說：「妳知道嗎？剛剛玩遊戲的時候，妳眞得好美，因爲妳笑了，發自內心的笑了，妳的笑容是最有魅力的，但是妳已經很久沒有笑了。」

這句話震撼著我，久久無法從腦海中散去。

從前，我是個愛笑的女孩，在公司裡，同事常說我笑起來，兩個酒窩又深又圓，所以都喜歡逗我發笑。而當初的模特兒試鏡，也因爲笑容而令導演留下深刻印象。

自從生病後，煩惱日漸增多，坐在輪椅上的我，怎麼也笑不出來，甚至，可以說已經忘記該怎麼笑，不知道有什麼值得令我快樂，臉上的酒窩也已沉寂多時。

晚上打開電腦，在電子信箱中發現一封L寄來很久的信件，而我卻到今天，才發現它的存在。

「妳不快樂，我發現妳愈來愈不快樂，所以我也不快樂了！1，1、2，1、2、3，1、2、3、4，你快樂嗎？……晚安。」簡短的幾句話，卻像枝箭刺向我來，正中紅心讓我崩潰地淚流滿面。

是的！我不快樂，我眞的不快樂，甚至忘記該怎麼快樂。我也從未察覺到自己的不快樂，原來已經表現在臉上，甚至影響到身邊關心我的人。

每天，我總是過著行屍走肉般的生活，不太說話，也不肯出門。我厭惡沉浸在痛苦悲傷中的自己，不但忘記該怎麼快樂，甚至也忘記該怎麼去愛人。遲鈍的感情反應，讓我的不快樂，也像把銳利的刀，刺向每個關心我的人。但深愛我的家人，卻沒有因此而放棄撫慰我憂鬱的心。

L是想藉由這遊戲告訴我：「魅力，是發自內心愉快的笑容。」

看著相簿裡自己燦爛的笑容，我一邊對著鏡子反覆地練習，我想找回，找回那屬於我的魅力。

❖

L常將我所介意的、覺得尷尬的事情說得浪漫，讓我不再往難過的地方走去，也重新詮釋了對於L所感到的一切愧疚。

曾有一陣子，偶然機會中，朋友介紹了一位傳說中非常神奇的氣功師傅，聽說他治療好無數的疑難雜症，聽說他的氣功等級很高，每天只有早上看診。許多人凌晨就去領取號碼牌，更增添了這位師傅的神祕感。當然，父母親也抱著不錯過任何機會的心態，帶著我前往。

清晨的人行道上，枯葉灑落滿地，寂靜的台北街頭只有清潔隊員用竹掃把掃地的刷刷聲響，偶爾三兩個晨跑的人，撿拾紙箱的老人，嗅著地面前進的流浪狗。藍灰色的台北清晨，街道上只有我們的身影。

❖

早上五點，窗外還是一片漆黑，母親將睡夢中的我搖醒。

「快起來，要先去排隊作氣功治療囉！晚了，領不到號碼牌。」

迷迷糊糊起身，隨手抓了床邊的電話，按了重撥鍵。

生病之後，朋友打來的電話，我都以不同的藉口拒接，也不曾打過電話給誰，只要按上重撥鍵，電話就會自動地撥出我唯一打過的電話——L。

「喂，起來了嗎？」

「嗯！起來了，二十分鐘到。」

父親最近的身體不好，我們家在舊公寓三樓，所以上下樓梯都請L來背我。

凌晨的空氣冰冷卻新鮮，偶爾飄來早餐店甜甜的豆漿香味，L一直將我背在背上。

等待父親車子開過來的空檔，我用力地撐開沉重的雙眼，卻感覺空氣是這麼冷酷乾澀，令我難以眨眼，地上我們的影子，合而爲一個修長強壯的黑影。

氣功室在二樓，診療室門外滿滿的人，但我的出現卻讓大家都睜大了眼，一臉驚訝。或許是因爲我是裡面最嚴重的病人吧！坐在沙發上，我將頭枕在L的肩膀上，半瞇著眼環顧四周。坐在對面沙發竊竊私語的人們，一定是在討論我吧！被迫害妄想症在這時候又主導著我的思考邏輯，頭往L的肩膀裡埋得更深了。

❖

等了一個多小時，終於輪到我接受二十分鐘的氣功治療。

按照慣例，第一次治療我的醫生都要詢問一下病情，和以往相同，發病的過程都是由母親代爲回答，我只是靜靜地躺在診療臺上，看著白色的天花板。皺著眉頭的老氣功師傅，一旁對我充滿好奇、等著治療就順便過來觀看我這怪症狀的人們，我聽著他們在身旁不斷地竊竊私語、竊竊私語……

診療完畢已經九點，街道上明顯熱鬧了許多，這讓我感到非常不自在。

「你看，有人在看我們耶！」我將頭埋進L寬厚的背。

「沒有啊？哪有？」L覺得是我多心。

「有啦！走過去的人都在看我們。」

「喔！他們大概是在羨慕我吧！」L說。

「羨慕？」我瞪大著眼，疑惑地看著L。

「對啊！有誰可以像我這樣背著女朋友走在街上呢？其他的男人想要背他們的女朋友，女朋友還未必願意咧，所以他們是在羨慕我們啦！」

不知道L是在安慰我，還是說笑，我從L背後偷偷瞄了身旁的路人，發現他們一開始是很好奇，然後卻是微笑著、感動著回頭望。他們是眞的羨慕我們呢。在這之後，我不再介意被L背著走在街上，也喜歡在L的背上靠著他耳朵說情話。

「叭—叭—」

爸爸的車子過來了，紅著眼的爸爸一定是因爲太早起而疲憊不堪吧！媽媽將車門打開，L就把我送上車中，昏沉沉的我，喜歡枕在L的腿上，看著窗外的景象往後飛逝。我沒能捕捉住任何畫面，L早也在車上沉沉睡去，將我背回到家中，他還要馬上趕到公司去。

清晨，L背著我的身影，一步步走在台北街頭，他的雙腳帶著我走過許多巷道，爬過無數階梯，通過阻礙我的障礙物。讓我印象深刻的，是他溫暖的背，還有脖子上的氣味，以及我心中滿滿的愧疚。

每當L背著我走在街上，我總會問自己，他會背著我走多久？我們的未來呢？這場病考驗著我，也考驗著我們之間。

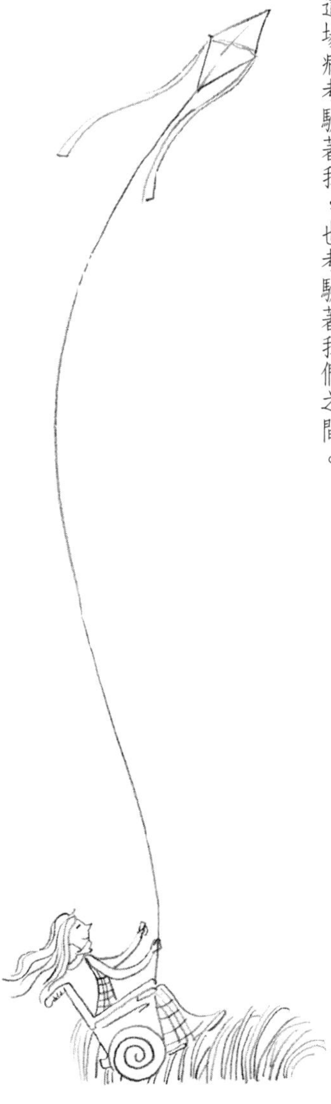

3 漫漫的未知長路

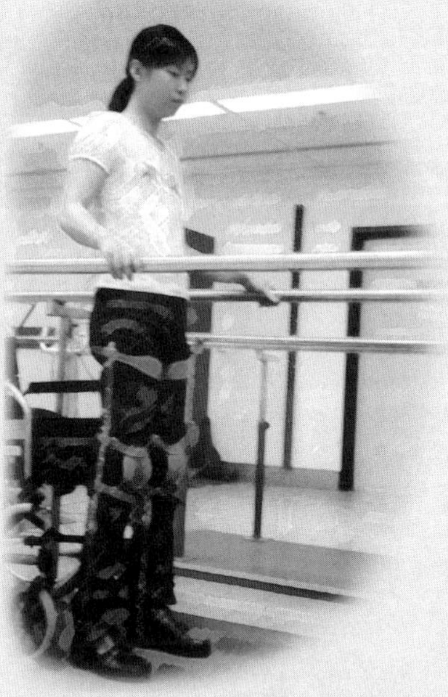

二十四歲後的青春，都在復健中度過，每天揮汗做著各項復健，為的只是想要回身體的自主權，挫折與壓力殘忍且毫不留情地以各種方式考驗著我……

傷痕累累的民俗療法

坊間各式各樣的民俗治療何其多，針灸、氣功、推拿、甚至神療，茫然，有如大海撈針，不知該往何方？

❖

這不明原因的怪病在我家對面市場造成轟動，鄰居們開始提供各種治療法給母親，眼花撩亂的各式療法，不知道哪個對我是有幫助的，也擔心對身體造成二度傷害。然而，深怕錯過任何機會的媽媽，最後還是決定選擇幾樣讓我去嘗試。

當然，在治療期間，多少會遇到不清楚我狀況的人，弄得身上傷痕累累。

某次烏龍的民俗療法中，我燙傷了雙腿，無奈的我，不忍責備滿心希望我好起來的媽媽，卻也無力改變已經燙傷的事實。

空氣中瀰漫著藥草的味道，傷口咀嚼消化著藥草，努力製造出新的肉芽。在等待燙傷復原的日子裡，我幾乎都只能趴著，盡量不讓傷口摩擦到，也盡量不讓自己去想心裡的傷口。倒是媽媽被我這嚴重的燙傷給嚇壞了。

「怎麼辦，會不會潰爛到要截肢啊？」媽媽緊張地來回走動，一邊將燙傷藥遞給當護士的大妹。

「應該不會啦，她又沒有糖尿病！小心不要讓傷口感染就好了。」妹妹接過燙傷藥，仔細幫我消毒換藥。

我看到媽媽的手一直發抖，她的確是比我還害怕，因爲她很在乎。但我實在說不出什麼安慰人的話，因爲我自己也非常沮喪與害怕，這傷口千萬別再出什麼狀況才好。

前幾天，媽媽爲了我的燙傷，打電話向我的復健部住院醫師詢問，醫師卻只是冷漠地說：「燙傷啦？就敷燙傷藥膏啊！妳只是要問我這個問題？」

唉！難不成我要問你吃飽了嗎？我不否認我的心裡有點氣憤，氣憤人們的自私與無情，氣憤自己無法避免這次的傷害，氣憤所有的一切，但我不能氣我的家人，大家也是希望我快點恢復，所以才會帶著我到處去醫治，如果他們知道會造成這樣嚴重的燙傷，一定不會帶我去了。滿心的無奈悶在胸口，感覺就要爆開來。

我靜靜趴在床上，看著床邊窗口的風景，從窗外大樓的細縫中，看著天色又明又暗的輪轉，祈禱我的傷口快點好，待在床上這麼多天了，我實在悶得發慌。

❖

「唉！我就說在這裡針灸就好，妳還要去別的地方，他們根本不了解她的狀況，亂搞一通！」針灸師看來有點火大，卻還是關心地掀開我的傷口查看。

這針灸療程，是媽媽經過篩選後帶我去的，也是我持續最長時間的一段治療。印象最深刻的是，針灸師總是將針扎滿我整個背，我像隻刺蝟一樣，趴在治療臺上，等著牆上時間的流逝。針灸師有位智能障礙女兒，她會在早上十點準時走出房間，乖乖坐在客廳裡看著電視重播的老舊愛情片，即使我盯著她看，她也從沒理會我這個路人甲。

「嗯，有在長新肉，嗯……還好。」

蓋上紗布，我又繼續著針灸療程，尷尬夾雜著藥草味，今天的針灸讓我呼吸困難。媽媽小心地將我抱上輪椅，因為腿上的燙傷，媽媽無法將施力點放在我腿上，所以抱我上輪椅的動作是加倍困難。

「謝謝！錢給你！」看媽媽氣喘如牛地付錢給針灸師，愧疚感在我心中漸漸地加深。

「不要再亂去別的地方了！」針灸師在我們離開時再次提醒。

「我也是想說看可不可以快點好，哪知道會這樣。」媽媽紅著臉和針灸師溝通，無奈地搖搖頭。

我瞥見一旁針灸師的智能障礙女兒，今天她還是準時地出來看電視，坐在沙發上的她轉頭看了我一眼，然後微笑。

微笑！從我來此復健至今，她總是自顧著看完連續劇，從沒有在意過我，也沒正面看過我一次，我們的狀況雖然不同，但我們的父母卻是一樣的，爲了我們的未來擔憂。今天，她對我微笑了，平時都無視於我們存在的她居然對我笑著，我也回了她一個微笑，我們這兩個面無表情的人，在今天終於有了交集。

❖

當然，針灸只是我復健生涯的一小部分，我的復健行程滿檔，常常一整天下來，好像明星一樣地趕著通告，早上針灸，下午復健，晚上推拿……

每次復健，總是爸爸開車載著我跟媽媽前往，白天的針灸完成，車子隨即開往醫院樓下，等復健部開門。等待的空檔，豔陽天，三個人就躲在車上吹冷氣聽音樂，爸爸也可以在這時候小睡一番；下雨天，我們在車上吃著熱騰騰的便當，無論是多大的雷雨，車子就像是另外一個家一樣，給我安全感。

「你還說想買旅行車，孩子大了才不跟老的出來玩咧！」媽媽跟爸爸閒聊著。

我望著車窗外，對面停著一輛老舊的轎車，車後座擠滿嬉戲的孩子，前座的媽媽手裡抱著一個孩子，還不斷地回頭督促孩子的安全。記憶跟著回到童年：父親載著放暑假的我們回彰化，當時從事西藥進口的父親，也會利用此機會一路做生意，幾個小蘿蔔頭總在父親停車去談生意時，趁機下車向媽媽討冰淇淋吃，而父親也會帶著我們吃遍各地的美食，這都是父親跑生意多年吃下來的心得。我總覺得父親好厲害，帶我們去的地方雖然不是高級餐廳，但是食物卻好吃得令人一再回味！

遇到下雨天，我們就在小小的車子後座玩起來，從成語接龍、歌唱接力，到賭水珠。賭水珠是我們最喜愛的遊戲，一人選一滴車窗上的水珠，看誰的水珠最先滑下就獲勝，就跟賭馬一樣，常玩得驚叫連連，直到惹來母親一頓罵，大家才意興闌珊地停下來。

車裡的人多，熱氣使車窗起霧，井字遊戲在此時開戰。年紀小的弟妹不會玩，就在車後的玻璃上利用霧氣畫起圖來，我們總是一路自找樂子玩，直到彰化阿公家到了，才一窩蜂跑下車去，像放出籠的鳥兒般快樂！天氣也愉悅地放晴，車窗上的塗鴉，童年的記憶……

❖

治療行程不斷增加，二十四小時的時間，完全不浪費一分一秒。

在朋友的介紹下，聽聞有一位醫治過無數怪病的氣功師，所以無論再怎麼辛苦，爸媽也不肯放棄帶我前往，於是就此展開了一段凌晨復健的療程。

凌晨的氣功治療，延續了好幾個月，也不是因爲它有效，而是人家對母親說：「一項治療要看到療效，至少要幾個月的時間，不可以心急。」就這樣，我的氣功治療堅持了好一陣子，無論颳風下雨，凌晨五點的鬧鐘一響，就展開一早的氣功治療行程。

氣功治療是需要排隊的，但無論我們再怎麼早出門，總是會排在幾個老師的後面，據說，他們都是在還未開門時就等在樓下。

有天，我們特地起了個大早，希望可以早點結束治療，前往下一個地方復健。車子剛停妥，突然看見車窗外一對熟悉的身影，是一個婦人帶著他的「歪嘴雞」孩子來做氣功治療，我每天都可以遇見他們。婦人總是在孩子吃早餐的同時碎碎念，而孩子總是吃得滿身都是。

我常想著，婦人如果可以不在孩子吃早餐的時候在一旁監督著，責罵著孩子是「歪嘴雞」，或許孩子也不會緊張得食物掉了滿身。瘦弱蒼白的男孩，如果將掉在身上的早餐屑都吞到肚子裡，或許就會胖一些了。

車門一開，我與他們四目相對，原本悠哉慢慢散步走來的母子倆，見到我之後，突然產生了變化。婦人先是睜大眼，拉著孩子的手突然緊握，然後開始快步跑向氣功治療室，速度快得令人誤以為他們在練習兩人三腳的跑步。

「唷！跑得還眞快，欺負妳這個無法跑步的人。」母親在一旁，一邊扶著我，一邊笑著說：「根本不用跑步就可以比妳早一步去排隊啦！做得那麼明顯幹嘛？眞是。」

L背起我，往氣功室走去，上了四個階梯，再搭電梯上二樓，治療室中除了那幾位固定排第一的老師之外，就只有那對母子。

早餐的香味和著藥草味，吸入鼻腔，馬上就覺得肚子餓了起來。

「吃三明治吧！」不知道何時，L已經去買好早餐了。

吃早餐的同時，治療室的人也漸漸多了起來，因爲沒有號碼牌，進來的人都要先詢問自己排在誰後面。奇怪的是，那群老師們明明是排第一個，怎麼還在外面不進去呢？當我感到疑惑的時候，診療室的門突然開了，一位父親手裡抱著他的兒子走了出來，孩子不算小，看起來已經是國中生的樣子，修長的身材癱在父親的懷中，只有兩個大眼睛轉個不停，似乎對診療室外，這些對他投以好奇眼神的人感到十分不安。

「你看！好多人在看你喔，那邊的漂亮姊姊也在看你喔！」

小男孩的目光轉移到我的身上，我尷尬地低下頭。

是的，我是在看他，一個囚禁在自己軀殼裡的靈魂，只能用眼睛窺探這軀殼外的世界，靜靜躺在父親的懷裡，一切任人擺佈，無法做任何的反抗，偶爾從嘴裡喊出的抗議呻吟，也是那麼的無力、虛弱。

而我，坐在椅子上的我，假裝是個正常人般看著他，卻被他突然投過來的目光看穿。我開始不安，手裡的早餐吃了一身，我拍拍身上的麵包屑，抬起頭，看見「歪嘴雞男孩」對著我笑，他的笑容就如同找到同伴一樣地充滿善意，而我，卻討厭這樣善意的笑容。

「弟弟！姊姊的腿不能動，也是來看醫生的！」母親終於還是揭穿了我的不安。

空氣在剎那間像被抽空般，令我窒息地漲紅了臉，全世界的人都在看著我，全世界的人都在跟我搶空氣，我懦弱地不敢抬起頭來看他們的眼神，憤怒母親當著大家的面揭穿我，其實，這不就是事實嗎？一個我總是想隱瞞住的事實。鴕鳥心態的我，總以為蒙住眼睛就可以看不見。

「她坐在椅子上，我根本看不出來她有哪裡不同，妳不說，我還以為她只是來按摩的。」男孩的父親擦去了男孩嘴邊的口水，對我微笑著。

我，稍稍將已僵硬的臉頰肌肉用力往上推擠，營造出微笑的樣子。

接下來的時間，母親跟男孩的父親聊開來，互相交換著彼此孩子的發病過程，也交換著照顧心得，因為彼此的狀況相當，也就愈聊愈起勁。

我坐在椅子上，看著躺在一旁的男孩，我們彼此注視，卻無法交談。

「唉，我也不知道啊，前一秒，他還坐在椅子上打電腦，天真地回頭跟我說話，椅子就這麼往後半傾斜著，我正要提醒他注意安全的時候，他已經摔到地上昏迷過去了。」

男孩的父親摸了摸孩子的頭，然後抬頭對我微笑。

「之後，他就無法動彈了，我實在無法理解，一夕之間的改變居然會這麼大。」

我盯著男孩看的眼神，迅速移回到自己的腳上，一夕之間的改變眞得很大，大到令人措手不及，無法想像跟面對。

❖

「下一個可以進來了！」

終於輪到我，捏了捏這毫無反應的雙腿，讓L將我抱進去。躺在治療臺上，氣功師面無表情地在我身上搓揉起來，我就如同麵團一樣任由別人擺佈，反身彎起腿、翻面趴著，我不斷地被人來回轉動，不斷地變換姿勢。

「會痛就叫出來沒關係，不要憋著！」氣功師在的穴道處加強按摩，我身上的痛楚難耐，臉上卻是異常的平靜。

「唉！她就是太會忍耐了，不管怎麼痛就是不會叫出來，難怪會被醫生延誤！」母親既心疼又生氣地說。

不知道爲什麼，我就是無法叫出來，只是偶爾皺起了眉頭，靈魂像出竅般，站在一旁冷眼旁觀，觀看著自己肉體上的煎熬。

❖

經過了幾次的治療，二十分鐘的氣功治療時間，明顯地逐次縮短，有時候甚至是由氣功師傅的徒弟來幫我作治療。

有一回，氣功師說我需要熱敷，於是吩咐他的助手帶我到另一個房間內，滾燙的杯子烤得發出白煙，氣功師傅的助手將陶瓷杯子放在我的腰上來回快速滾動，滾燙的杯子灼傷了我的腰部，但我卻一點知覺也沒有，直到腰部出現水泡，治療師才停手。

燙傷已經造成，在我的腰間形成一個圓圓的水泡，爲了這個傷疤，我不敢躺著睡覺以免壓到，只有不停換藥，小心翼翼地觀察，才消除掉這腰際上難看的疤痕。

經過一段時間，傷口結痂，我又再回到氣功治療室，卻發現，治療師的態度漸漸改變，原本二十分鐘的療程，慢慢變成十五分鐘，甚至治療的態度也變得很不專心，經過詢問才知道，原來到這裡做氣功治療的人，多多少少都會買治療師所調配的中藥，但中藥的價格和治療的價格有著天壤之別——治療的價格只要兩百元，中藥的價格卻要上萬元不等，而且中藥必須要長期服用才會有明顯的效果，以我目前的經濟能力，根本就無法負擔長期下來的龐大醫藥費用。

經過一段時間，我決定放棄這項療程，結束了長達三個多月，冒著寒風大雨，在凌晨到台北做氣功治療的生活，也結束了這段對父母和L充滿愧疚感的日子。

抬頭問蒼天，何處才是我該前往的地方，就這麼盲目地尋找著，也弄得遍體鱗傷。到底那個可以拯救我的人在哪裡？我要尋覓到何時才能找到他？

令人受挫的醫院復健

一份毫無成就感的工作，會讓人感到疲倦盲目，而復健對我來說，就像是件例行公事，只有不停地揮汗努力，卻苦無進展。我開始將靈魂與軀殼分開，軀殼每天進行著例行的復健療程，而靈魂卻空洞茫然地遊晃著。

直到有一天起床，我努力撐起身子坐在床邊，一手舉起揉了揉睡眼惺忪的眼睛，在放下手的時候，突然驚醒。

「媽！」我喊了母親，激動的語調讓母親以為我摔下床，拖鞋在地板摩擦前進的聲音也變得緊張且急促。

「怎樣？摔倒了嗎？」媽媽開門進來，看見楞在床邊、一臉驚訝的我。

「媽，我覺得我的腰部比較有力氣了，我覺得自己坐得好穩喔，還可以放開一隻手揉眼睛也不會摔倒耶！」我感動得幾乎說不出話來，還舉起一隻手再碰碰眼睛，重新表演一次給母親看。

「啊，終於！趕快回醫院給醫生看，說不定他們能讓妳更進步。」母親將這個消息告知了上班中的父親，並預約了門診。

「掛張教授的診吧！我不想看別人的診！」我跟媽媽討論著回醫院複診的問題，這次腰部的恢復實在令人振奮，我不希望信心再次受到打擊，所以我沒選擇我的住院醫生，反而選擇了常鼓勵我的張教授。

「哇！張教授的門診，人還眞多，掛到四十五號呢！」媽媽掛上電話語音掛號。

「不管了，等總比被打擊好吧！」這時我的固執個性又出現了，就這樣的，我們在兩天後出發去醫院看張教授的診。

爸爸和大妹今天也特地撥空陪我去醫院，醫院的電動門一開，夾雜著濃厚消毒味的冷氣，將我剛剛被豔陽烤暖的身體瞬間冷凍。

「喔！這麼多人！」媽媽驚呼了一聲，許多人向這邊看過來。

「才到二十號耶！」大妹看了一下看診號碼。

隨著號碼一個個慢慢地跳著，我的心跳也漸漸加速，終於，叮咚，「四十五號！」媽媽趕緊將我推進看診室。

「好久不見！」張教授微笑地對我打招呼，也讓我安心不少。

「怎麼樣？有什麼變化嗎？」張教授又問。

「她的腰部前幾天開始有力氣耶！以前都坐不穩。」媽媽比我還急著將這訊息告訴張教授。

「嗯，的確是比之前坐得穩喔！」張教授睜大了雙眼，趕緊將桌上的測試器材拿來敲我腿部的反射區。

「嗯，有一點反應囉，神經的恢復很慢，妳看從妳發病到現在已經半年了，腰部才有所進展，所以妳要更有耐心和信心，一定會好喔！」張教授看了我的狀況，終於給了我一個肯定，我心中眞是雀躍不已，所有治療的疼痛都忘記了。

「如果有進步的話，那要怎樣才可以恢復得快一點呢？」媽媽也很高興，雖然進步並不明顯，但今天從醫生口中說出來的診斷，讓我們兩個都不再懷疑。

「妳有在復健嗎？」

回醫院的路程遙遠，而且每次復健時間只有三十分鐘，再加上復健療程讓人心情難過，自從出院後，我只在住家附近的小醫院復健，沒有再回這大醫院復健了。

「穿鐵鞋復健只是讓妳有個運動而已！」想起當時復健師這句令人絕望的話，我實在對這裡的復健有著深深的恐懼。

「嗯，我幫妳安排復健吧，配合復健會比較快！」

張教授在我病歷上貼了許多單子，也在病歷上記錄了我的進步情形。

「現在在家都做什麼啊？有沒有多看點書，多學習點東西？現在這時候正是妳充實自己的好時機，一方面復健，一方面也要充實自己，讓自己多一點實力，以後回到社會工作才不會有所隔閡。神經的恢復很慢，也許三年，也許五年，這都很難說的。」張教授開了一些綜合維他命給我，讓我的神經隨時保持最佳狀況。

「要加油喔！有恢復就是好現象！會持續恢復的。至於會恢復到何種程度，沒有人敢下結論。」張教授給了我許多的信心，在我離開看診室時還補了一句話：「有植物人經過四年醒過來了，所以妳不要太擔心啦！」

❖

我帶著滿滿的喜悅，結束了看診，才剛出門診室，就看到一個熟悉的身影，笑嘻嘻地朝這邊揮手。

「嗨！」是麗玲，我住院期間的室友，半年不見了，她依然在醫院復健。

麗玲是我在發病住院時，第一個開口交談的病友，她和我一樣，擁有關心自己的家人，還有一顆至少比我堅強的心，當初願意敞開心胸與她交談，是因爲她開朗的笑容，以及眞誠的談話。

「妳回來複診啊？」麗玲笑著問我，我發現她的白髮比以前更多了。

「是呀，但是我沒有掛我們醫生的診呢！」

麗玲聽了也笑著說：「對！別掛她的診了，她只會打擊人家，也不幫病人做檢查！」

才說完，我們的醫生就從身邊走過，「眞是不能說人壞話呢！」麗玲調皮的吐了吐舌頭，我們都笑了！一陣寒暄後，因爲醫生安排的復健時間到了，媽媽要我留下麗玲的電話方便聯絡。

「我唸妳幫我寫吧，我的手已經沒力氣拿筆寫東西了！」這時，我們都沉默了。

「我現在只能到這程度了，手也無法緊握了。」麗玲舉起無力的雙手，她的病情比之前更差了。

麗玲的看護偷偷地對媽說：「她的病情愈來愈差，現在不只手沒力氣，連眼睛都已經受影響了。」典型的多發性硬化症，病情來得快，恢復也快，每次的發作總會侵蝕掉身體的一部分，或許是手部，或許是眼睛。當時醫生也曾給了我疑似多發性硬化症的病名，如果我再度發病，那麼這不明原因的病就可以有個名份了。

而我，雖然留下了麗玲的電話，卻一直遲遲不敢撥出這個號碼，我怕聽到的是麗玲又惡化的消息，我寧可保有那份我與麗玲充滿希望的約定。

「我們一定要好起來，一起去逛街！」跟麗玲約定好之後，我們各自前往復健部與病房。

❖

電梯緩緩升上了二樓，媽媽和大妹陪著我一起前往復健室，愈接近復健室，我的心跳愈是快速。

「喔！美女，妳又來啦！」

我害怕的事情還是來了，我的門診復健師居然還是住院時的那一位！我眞的很討厭這位治療師，他總是冷嘲熱諷地打擊我的信心，他扯著誇張的嗓門，大聲對我打招呼，吸引了復健部所有人的目光。

「妳今天來幹嘛啊?」

他居然問了我這個奇妙的問題,來復健部不就是復健嗎?難不成是來吃東西的?

「妳有什麼進步嗎?來!腳動一下我看看!」

「我的腰有力氣了,可以坐得比以前穩!」

復健師似乎沒有將我的回答聽進去,要我穿鐵鞋站起來讓他看,又翻了一下我的病歷,然後扯開嗓門對我說:「沒什麼進步嘛!那妳這次來是想訓練什麼?有什麼目標嗎?妳的腳又還沒有動作,妳自己也不知道要訓練什麼……」

一連串不用換氣的訓話,讓媽媽、大妹跟我都傻眼了,楞在那邊說不出話來,只聽他滔滔不絕地說了一堆。

「妳到這裡來應該有什麼目標想達成,不然妳要我訓練什麼呢?」我們連回嘴的時間都沒有,身邊也開始聚集了許多看熱鬧的人。

「復健師不是應該評估病人的情況,給予適合的方式復健嗎?你也沒幫她測一下力氣,看進步到哪裡,看什麼方式的復健可以增強她的功能性……」大妹氣不過地跟復健師辯論了起來。

「哪有復健師問病人需要什麼復健，我們要是知道怎麼復健，幹嘛還要大老遠跑來問你？我們自己在家復健就可以啦！」媽媽漲紅著臉指責著，讓原本氣勢凌人的復健師也停了口。

一時間，復健室裡的人，就連病人，都看著這場上映中的吵鬥戲碼，我坐在輪椅上，咬著牙，狠狠地忍住眼眶裡的淚水。

滿懷著希望與喜悅來復健，爲什麼連一點機會也不給我，一句沒進步就將我打回地牢裡。止住不停發抖的雙手，拆下穿在腳上的沉重鐵鞋，我已不再奢求復健師可以給我什麼幫助，他的每句話都毀滅著我復健的決心，殲滅我好不容易建立起的信心。

「復健師說的很精采，大家也都很認眞在聽，你們別只是在一邊聽啊，來點掌聲鼓勵鼓勵！」大妹被復健師及一旁圍觀的人群惹毛了，也顧不得形象，生氣地大聲斥責。

圍觀的人不斷增加，復健師繼續與我的家人爭吵，我感到暈眩，用力地吸著稀薄的空氣，每吸進一口空氣都感到鬱悶，再多待一秒，我的腦袋就將要爆掉了。

「算了，回去吧！」

從我喉嚨裡擠出的聲音小得可憐，推著輪椅，我努力想要穿過重重圍觀的人群，逃離這令我感到痛苦又恐懼的地方。

「唉唷，這個醫生說的話好傷人喔！」

「小姐，妳要有信心喔！不要太在意那個復健師說的話！」

「對呀！妳要有信心喔！妳還那麼年輕。」

「這位太太，妳不要因此而放棄喔，要帶女兒去別家醫院繼續復健。」

人群中，一隻隻溫暖的手搭在我肩上，給我鼓勵的話語。

我抬起頭看了圍觀的人們，大家嘰嘰喳喳地討論著剛剛的事情，我穿越這堵有著相同表情的人牆，看著他們同情憐憫的眼神及嘴邊那充滿祝福的一抹微笑，我再度低下頭，讓媽媽推著我快速離去。

「我會再回來這裡，走著回到這裡，我會記住你今天對我的信心打擊，有一天你會後悔從你嘴裡所射出的利劍。」

我在心中暗暗許下心願，要自己別被打垮，再多的爭吵都是無意義，只有自己的身體能夠恢復才是重要，這樣一個打擊人的復健師，如果他還是這樣對待病人，總有一天會被淘汰！我在心裡安慰著自己並不需要太去在意。

「唉唷，那復健師怎麼這樣說！好險我的復健師不是他！」兩個在走廊交談著的歐巴桑輕聲地說著。

當你在毀滅掉一個人的時候，你也正在毀滅自己，我搖了搖頭，推著輪椅往前走著。

❖

小草遇到前方的阻礙，會讓枝葉繞過障礙物繼續生長；皮球遭到重擊，反而跳得更高。那我呢？面對復健師的打擊，我該怎麼做才好？

復健治療師給我的信心打擊其實也波及到了家人，媽媽一早就跟朋友通電話，語調激動而氣憤，內容當然就是那天去復健所發生的事情。

「現在的人喔，賺錢最重要啦，別人的命他哪管！」

「有啊！當然打擊很大，本來高興腰部有力氣要回醫院去復健，怎麼知道是哭著回來！」

「嗯—嗯—對啊！她現在，就像個嬰兒一樣，要靠人幫忙一些事情，所以都是我陪在她旁邊。沒辦法呀，爲人父母怎麼可能丟下她不管。」

躺在床上聽媽媽講電話，腦子裡回想著昨天氣憤難過的復健，回到家後，一直忍在眼裡的淚水安心地狂瀉而出，大家也都不發一語，沉重的氣氛連球球也都感覺到了，只敢坐在輪椅邊靜靜地看著我，然後趴在地上嗚嗚低鳴，像是也跟著我哭了起來。

我的確像個嬰兒，需要一些幫助，就連到廚房去倒杯水都需要幫忙。「耶，等等，嬰兒——」

「嬰兒！」我被這句話重重敲醒，嬰兒的生長過程，先是坐穩了，然後是爬行，最後才扶東西站起。對啊，我就像個嬰兒！

我像是頓悟了武林祕笈裡的心訣般，迅速地起身練功。我將身體趴在床上，用雙手慢慢撐起，試圖讓身體弓起來呈狗趴式。這個動作看來簡單，但是對於現在的我來說，卻是相當困難，我才剛弓起身子，卻因爲無力的骨盆搖晃而失敗，就這樣連續了好幾次，摔在床上發出的聲響，讓講電話的媽媽嚇了一跳，她以爲我摔下床，丟了電話就開門衝進來。

「妳在幹嘛？我以爲妳摔下床了！」

我滿臉通紅，汗流浹背地抬頭看媽媽。

「我想看自己可不可以像小狗一樣趴著，然後可以練習爬啊！」

於是我跟媽媽開始合作配合，我弓起身子，媽媽在後面幫我扶正，等我抓到平衡點後，她就鬆手。

「右邊一點！」

「妳太偏向左邊囉！」

媽媽一邊扶著我，一邊幫我矯正姿勢，這項復健就成了我每天早上必做的功課。也不知道花了多少時間，摔了多少次，漸漸地，我可以穩穩趴著，不再需要媽媽在一旁保護著。有時候我會邊聽音樂邊練習狗趴式，悅耳的歌聲讓我忘記復健的辛苦，常常專心音樂而破了趴著的時數紀錄，趴的時間愈來愈久，姿勢也愈來愈穩。

「球球──」我喊了一聲，球球興奮地從椅子下奔過來。

前陣子低落的心情讓球球也不敢接近我，我喊了牠，要牠在一邊陪我復健。

「球球！妳可是狗趴界的始祖呢，我練習狗趴式，妳可要指導指導我喔！」

「神經啊！牠才不懂妳在說什麼呢！」媽媽在一邊笑著，球球歪著頭滿臉的問號。

不管如何，我對自己說：「甘八嗲！加油！」我相信我會漸漸好轉的！

❖

經過自我訓練，腰部的力氣逐漸恢復，媽媽深覺這樣在家裡自行復健也不是辦法，既然大醫院不收，那我們就前往住家附近的小醫院去吧。雖然說是住家附近，但是十五分鐘的路程，還是必須麻煩父親開車載我前往。

這家小醫院曾是大姊任職藥劑師的地方，也是我以前常走動的地方，許多護士和辦事人員我都見過，一進大門，就有護士過來關心我的病情。

「聽說查不出來嗎？現在情形怎樣了？」

診療室門口的護士一見到我們，就關心地走進來詢問，這位護士我最記得了，她就是傳說中的「莊一針」，打針技術一流，就連我這最難打的血管，她都可以一針就中，絕無虛針！最怕打針的我，每次感冒總要先電話詢問她在不在，然後才願意到醫院打針。

「唉，還是不知道，醫生只說神經發炎，也不知道是什麼引起的，也不知道怎麼預防。」

媽媽向護士和醫生提起我的病情，大家知道我腰部有恢復的跡象，都很替我高興，要我有信心，有耐心。張院長這時候也發現到我：「怎麼樣？好點了吧？妳姊姊跟我提過了，我想，這應該是病毒感染吧，只是不知道是什麼病毒罷了，應該會恢復，要努力復健喔！」

一陣熱情的關心與寒暄，在電梯門關上後安靜下來，沒多久，二樓的復健部就到了，乾淨的復健部充滿了熱敷電療的人，看過去，大多都是老年人，狀況最嚴重的也是輕度中風，所以我的出現讓大家覺得好奇，也都往我這裡看來。

「嗯，我先安排妳接受電針灸三十分鐘，再到裡面房間去推沙包。」復健醫生是一位親切的女醫師，她在診療單的人形圖上，畫出電針灸的穴道位置，然後轉身捏捏我的腿。

「都沒感覺嗎？」

「沒有，我的腿只有麻的感覺，就像盤坐太久後的酸麻，二十四小時持續如此。」

復健醫生又再度在診療單的人形圖上，畫出我感覺異常的範圍。

「我們先這樣安排，妳如果有什麼問題，隨時可以跟我反應，我們再來做討論。妳也不要失去信心，因爲我的病人裡面也有五年，甚至十幾年後恢復的病例，千萬不要放棄希望喔！」

不知道是善意的安慰，還是因爲要留住病患說的好聽話，但是聽在耳裡，確實是安慰不少。

「她是妳的復健師，她姓葉，以後妳找她或其他的復健師都可以。加油吧！妳要有心理準備，復健這條路很長，而且很辛苦，誰都沒有把握會恢復到什麼程度，一切都要看妳自己，不要抱太大的期望，也不要失去信心。」醫生交代過復健師我的復健項目後，拍拍我的肩膀說。

這句話雖殘酷，卻是十分眞實，發病至今，神療、推拿、針灸，一路跌跌撞撞，弄得身心皆疲之餘，也挫敗了原有的信心，好在腰部恢復一點力氣的小進步，撤回了我原本想放棄的決定。

「不要抱太大的期望，也不要失去信心。」這是我心裡一直以來的矛盾，常在早上醒來，看見無法動彈的雙腿時，我失去了復原的信心，但在中午吃飯的時候，突然又充滿了信心；傍晚搆不到掉在床底的書時，我失去了信心，但在夜間新聞看到植物人恢復的消息後，突然又充滿信心。

就這樣不斷矛盾著、改變著，信心和放棄，分秒都在我的心裡交戰著，而我只求能不受這樣的心情影響，但這似乎不太容易。

❖

「好了，電針灸療程三十分鐘，等等我再過來。」復健師裝好機器後離開。

電針灸的機器在我腿上噠噠地作響，窗外也噠噠地下起大雨來。我看著窗外，突然想起小時候，光著腳，帶著釣具，跟著姊姊還有堂哥們奔馳在剛下過雨的田埂上，冰涼的泥巴消去了大半的暑氣，釣鉤上的蚯蚓不斷被上下晃動著，青蛙就這樣輕易被騙上鉤了。總要等到吃飯時間快過了，才意猶未盡地拿著戰利品回家，走在漸黑的路上，這才感覺到，「路」原來那麼難走。

復健這條路漫長且難走，往後必定有更多的挫折等著我去面對，我必須有著堅強的意志，才能突破重重關卡，我期許著自己，既然目標是復原，那麼就要勇敢。

生活在房間裡

轟轟的洗衣機聲響，像鬧鐘般敲醒熟睡中的我，熟悉的洗衣粉香味飄入鼻中。每天早晨，都在這樣舒服的感覺中揭開序幕。

慢慢地用手將自己撐起，這個簡單的動作，對我而言卻是非常費力。無力的雙腿，疲軟的腰部，每天的起床動作，就像在做晨間健康操一樣累人。

才剛起身，突然一陣冰涼往臉上竄，我知道這感覺是昏倒的前兆，於是，熟練地撐著床邊護欄，快速讓自己再躺回床上，眼前一片白，額頭滲出了冷汗，過一會兒，才又漸漸恢復原本的體溫。

再度睜開了眼，靜靜看著天花板，呼吸沒有剛才急促，心跳也慢慢平緩了下來，門外傳來球球的低鳴聲，沒多久，媽媽開門走了進來，看見我一臉蒼白。

「妳是怎樣？又昏倒？」媽媽用手擦去我額頭上的冷汗，接著到廚房幫我拿水，對於這「姿位性低血壓」，大家都已經很有經驗。

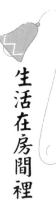

球球在房門打開時，趁機從媽媽的腳邊鑽了進來，每天早晨，只要球球開始對著房門低鳴，媽媽就會知道我醒了，也不知道是牠與我心靈相通，還是聽覺靈敏，無論我再怎麼小心翼翼不發出聲響，球球還是可以馬上感覺到我醒了。

「是啊，我今天起床的時候又差點昏倒了，還好妳幫我叫媽媽來喔！」我摸了摸球球的頭。

「來，先起來吃藥，妳舅舅開給妳調養身體用的中藥要按時吃，妳看妳最近昏倒的次數也慢慢少了不是嗎？」媽媽一邊扶我坐了起來，一邊將中藥跟水遞給我。

苦苦的中藥粉和著水在嘴中咕嚕咕嚕，如洗衣機般地攪動著，我皺著眉快速一口氣吞下。

「妳先躺一下，等等再慢慢起來，不要一下子就爬起來！」媽媽拿著水走了出去，房裡剩下我，還有在床邊好奇盯著我看的球球。

❖

第二次撐起身子，緩慢且小心，我讓自己的頭靠在窗邊，稍微喘口氣，也讓血液習慣一下這樣的壓力。

「唉！身體怎麼還是這麼差呢？」我對著球球訴苦著。

靜靜地看著窗外的景象，幾件衣服在衣架上隨風微微飄著，弟弟前幾天洗的塑膠地球儀，因爲風的吹拂，不斷轉動著，我這無力的雙腿還會有機會到地球儀中的任何地方去看看嗎？

靠在窗邊呆望了好一陣子，直到隔壁的西施犬好奇探出頭來，引起球球的不滿，對著牠吠了幾聲，我才回魂似地清醒過來。

側身慢慢移到輪椅上，桌上的鬧鐘從我生病後就再也沒響過，時間是早上十點半，距離晚上睡覺時間還有十二個小時又三十分。

「現在要幹什麼呢？」

在一天之中，大多數的時間，我不斷反覆問自己，現在到底要做什麼？

AM11:30：對著書桌發呆。

AM12:30：吃中飯。

PM13:30：對著窗外發呆，L買給我的書看了一半，也搞不懂自己到底看了些什麼。

PM14:50：媽媽將客廳中的椅子搬開。

PM15:10：穿上鐵鞋，拄著拐杖開始費力又沒有成就感的復健。

PM16:00：拄著拐杖站在窗邊，靜靜看著小學生們背著書包的放學情景。

PM17:00：媽媽要去對面市場買菜，我脫下鐵鞋，甩了甩痛到發麻的手。

PM17:30：媽媽搖醒趴在桌子上睡著的我。

PM18:30：廚房飄來飯菜香味，窗外的夕陽，橘得像可口的柳橙。

PM19:00：家人一起在客廳吃飯。

PM20:00：吃著不甜的西瓜，對著電視……發呆。

PM21:00：拿著日記本寫下平淡無奇的一天紀錄。

PM22:00：躺在床上，對著天花板，擦眼淚。

也不知道是什麼時候哭累了，睡著。日復一日，日復一日。

❖

電視裡正上演著馬戲團的戲法，小丑將一個骨瘦如柴的男人關進一個透明箱子裡，而蜷曲在箱子裡的男子閉上眼，與外面的世界隔絕開來，我突然羨慕起那個男人。如果現在有個箱子，可以將我關進去，我就永遠不用再和世界接觸了。

「出來吃飯囉。」母親敲門喊我出房間吃飯。

我的房間就像馬戲團的箱子，我蜷曲在輪椅上，將自己關在房間裡，也關在自己的軀殼裡。我變得比以前更加沉默，漸漸忘記，快樂和悲傷究竟是該牽動哪塊臉部肌肉！這時候的我，大概也只能用行屍走肉來形容吧。

幾乎一整天，我都是待在書桌前發呆，心裡所想的都是負面絕望的想法——百分之八十的機率不會恢復，那未來怎麼辦？像這樣處處都需要人幫忙的生活，還要維持多久？我的心裡有一大堆的問號，對於未來更有著很深的不安。這些問號壓得我喘不過氣來，心情遊走於崩潰邊緣。

❖

像個隱居於深山裡的居士，一臉憔悴，披頭散髮，才剛出門就被媽媽訓了一頓。

「妳頭髮太長了吧，該修剪一下了。」

「不要！美容院我進不去。」這句話，有一半是眞實，而另一半卻是想逃避出門面對人群的藉口。

的確，美容院大多都沒有完善的無障礙設計，即使是醫院的美容院，也有很多的不方便，於是媽媽請來平時常幫她洗髮的美容院阿姨，到家裡幫我剪頭髮，每個人見到我，不免都要聊到我的病情。

「像這樣檢查不出的病因，有可能是前世的因果，或是有什麼邪魔纏身啦！可以往這方面去試試看！」美容院的阿姨好心要我去試試，一邊拿出了她吃飯的傢伙。

「要剪怎樣？妳頭髮很多喔，剪短一點就好吧？我是出來買便當給我兒子時順便過來的，沒帶太多工具出來。」

喀嚓！喀嚓！沒兩下，一頭染成褐色、燙得微捲的頭髮，變成了乖乖學生頭。

「先這樣吧，等下次留長點，我再帶打薄用的剪刀過來。」看著鏡中的自己，差點沒噴出眼淚來，這個樣子的我，更像一個病人了。我低頭不語，看著媽媽掃走我一地的頭髮，也掃去我生病前最後的一點記憶。

❖

為了方便針灸，我必須穿上寬鬆的衣服，以前買的合身衣物現在都不能穿了，而且因為雙腳無力，我必須穿上好穿脫的涼鞋。這些衣物，都是媽媽到菜市場幫我買的，我極度排斥這樣的裝扮，這些都是以前我不會去買，甚至連看都不會去看的衣服。

「我當然不想出門！誰會穿成這樣出門啊！」我拚命地拉著過短呈七分褲狀的灰色運動長褲，想要遮住那雙亮粉紅色的襪子。腳上穿的，是大了一號、像尼姑鞋般的咖啡色涼鞋。我將學生頭一股腦兒綁在腦後，因爲有點短，綁起的馬尾就像是掃帚一樣呈扇狀爆開。

「妳不覺得這樣穿很像小丑嗎？」我努力拉低褲管。

「不要再拉了！褲子都要被妳扯破了！」媽媽生氣了。

「妳現在生病，穿這樣不會有人笑妳的！醫院裡的病人不都是穿睡衣嗎？等妳好了，要穿什麼衣服還怕沒有嗎？」治療結束後，連針灸師也開口這樣對我說。看著我不滿地穿著鞋子，針灸師又開口說：「根本連鞋子都可以不用穿了！我看過很多癱瘓的病人也都沒穿鞋子！」我抬頭瞪了他一眼，繼續穿著我的鞋子。

「沒用啦！她那拗脾氣，不會聽人家說的啦！」媽媽一邊付錢一面碎碎唸著。

當然，回到家後，媽媽難免有會跟L提到我的惡行，L摸摸我的頭說：「脾氣不要這麼拗，媽媽也會有心煩的時候啊！」

我撥開L的手說：「如果我連這些都不在意了，那表示我放棄了，你知道嗎？」

我並不是故意要反抗，只是我覺得每個人都有自己最在乎的事情，我雖然病了，但是如果鏡子裡的自己都讓我感到厭惡了，那心情自然好不起來。復健也需要好心情的配合，而我在意的，不是要怎樣華麗的打扮，至少整齊地出門，才會讓我感到自在。

❖

「妳可不可以快一點，復健要遲到了！每次都拖到快遲到才出門。」

「妳以爲我不想快一點嗎？」

氣喘吁吁地移動身體，將軟趴趴的腰半躺在輪椅上，避免因爲穿鞋子而使身體滑下輪椅。好不容易將一隻鞋子套進腳，媽媽的催促，讓原本已經穿鞋子穿到快發脾氣的我，瞬間引爆，我用力將尚未穿好鞋的那隻腳丟下輪椅，腳掌碰觸到銳利的輪椅踏板，出現出一條鮮紅色的傷口。

當然，接下來又是跟母親的一陣爭執，母親心疼我腳上的傷疤，而我卻認爲是母親叫我動作快，我只好將無力的腳用丟的，這樣比較快。我將遇到的每件事情都往壞處想。家人對我的一言一行，我也神經質似的，扭曲了他們原本的善意，認爲總有一天，我將會被棄之不顧，丟到某個安養院去。

我與家人的爭吵愈來愈頻繁，總是在和母親頂嘴過後，又陷入悔恨的情緒中，責怪自己怎麼可以用那樣犀利的言詞頂撞母親，但卻又在衝突發生時，重複同樣的錯誤。

「妳怎麼可以這樣頂嘴，妳不知道媽媽有多關心妳嗎？」大姊有時會出面制止我的行為，說也奇怪，我明知道自己這樣做不對，但是卻在大姊責罵我的時候，更加覺得委屈，認為他們聯合起來欺負我。

我開始反抗，但是內心充滿矛盾；我用沉默來反抗家人，卻又矛盾地希望得到關心。我將自己關在房裡，每天出房門的次數算都算得出來，除了吃飯時間外，我把自己鎖在房裡，即使是吃飯，原本食量大的我，看著媽媽煮的一桌好菜，卻是一點胃口也沒有，甚至嘴裡咀嚼著食物，也感受不到氣味。

「咦，我午餐有吃嗎？」我問了媽媽。

「喔，妳自己有沒有吃都不知道喔？妳吃了半碗麵啊！」

媽媽開始擔心，是不是病毒侵蝕了我的腦子。其實並不然，而是這場病，不但侵蝕了我的身子，也正侵蝕著我的心。我變得愛哭，即使看著電視上的搞笑節目，也會突然紅了眼眶；攤開L買的勵志書，淚水莫名地浸濕書頁；我的眼淚，甚至誇張到可以從晚上流到天明，如果參加三秒鐘落淚，此時的我一定可以打敗天下無敵手。

因爲害怕接觸出門，我將自己關在房裡，只是這樣關著，也讓我更加往死胡同裡鑽，更加害怕人群。這段時間裡，我不只是不出門，就連弟妹們帶同學回家的時候，我也會刻意地關起房門，安靜地躲在房裡，就好像這個家沒有我存在一樣。我以爲穿上了這層隱形衣，就再也不會有人發現到我。

在這樣的狀況下，漸漸地，我的反應變得十分遲鈍，聽到電話鈴聲會慌張地不知該怎麼辦，或許是因爲沉默太長一段時間，與人對談的時候，說話居然會結巴。對於這雙無行動能力的雙腿，我失去了耐性，開始有點想放棄，甚至習慣性地遺忘了該好好對待它，所以它常被我撞得坑坑疤疤。

雖然在這之後，家人漸漸明白我的想法，並支持我，讓我出門得以自己選擇服裝，但是我依然害怕出門，依然習慣將自己關在想像中的透明牢籠裡，只有如此，才會令我感覺到安心。

其實，我所害怕的，我所氣憤的，都是自己。要走出這個透明的牢籠，我必須要先打敗自己。

媽媽會一直陪著妳

有時候，我覺得自己就像活在幻覺中，搞不清楚是高興還是傷心，搞不清楚有沒有感覺，也搞不清楚是不是還活著，還是只是例行地呼吸著。

❖

測試我腿部的感覺，幾乎是媽媽每天的早課，只要她一起床，一定會先到我床邊報到。不管我睡醒了沒，她會掀開我的棉被，開始一陣搓搓捏捏；常常我從惡夢中醒來，以爲是鬼壓身，然後好不容易睜開眼睛，才發現是媽媽在按摩我的腿。

「怎麼好像萎縮了？感覺比昨天還細一點。」媽媽又在早晨我還未清醒的時候，一邊捏我的腿，一邊喃喃唸著。

我對自己的病情已經很煩惱了，聽到媽媽這樣說，更是緊張地揪緊心臟。

從癱掉的那一天開始到現在，我的腿其實有明顯的變細，醫生說過，在腿部癱瘓的同時，肌肉是最快消失的。每天看著自己的腿，我常因爲悲傷而感到氣憤，尤其再加上媽媽每天的提醒。

「我這樣捏妳，有沒有感覺？」媽媽測試著我的腿部肌肉。

「沒有！」

「那這邊呢？這樣捏有感覺嗎？」

媽媽不斷換地方測試，不過再怎樣換，我還是沒有任何感覺。

「唉，怎麼這麼久了，還沒有一點進步啊？」

我知道媽媽擔心，也知道她很急，只是這樣的話語，讓我也感到非常地沮喪。

❖

有沒有試過被罰跪的滋味？小時候，因爲貪玩，爸媽常會處罰我跪在佛堂前，跪著跪著，就趴在前面的小板凳上睡著了，等到媽媽叫醒我，才發現雙腿因爲久跪，麻痛得無法站立，那麻痛無力的感覺，就是我現在的狀況。

每天早晨一醒來，當腦袋清醒的刹那，腿部的刺麻感也同時清醒過來，接下來就是一整天的刺麻，有時刺麻感會稍微舒緩些，有時卻像發了狂似地刺痛，無論是什麼程度的麻感，都會令我非常難受，脾氣也就因此按捺不住。

「這樣捏妳有感覺嗎？」

「我不知道啦！沒感覺啦，不要再試了！」

終於，火山爆發了，我也不是故意要發脾氣，只是腳上除了刺麻感，任何感覺都沒有，無論媽媽怎麼用力地抓，都只是一次一次提醒我，這死去的腿，再也沒有用處了。

「妳昨天不是說有感覺？」媽媽追問著。

我的腿時常會出現著神經不正常的感覺，時而癢得像是有螞蟻在腿上爬，時而燙得像火在燒，有時又像是有股電流往腳下竄，反反覆覆，弄得我神經錯亂，也搞不清楚自己是不是眞的有感覺，還是幻覺。

有時候，軟趴趴的雙腿還會出現不自主的反射動作，突然一個抽筋，讓我以爲有人在拉我的腳，腦中出現了靈異節目裡恐怖的情節，直到後來才發現，那只是自己神經亂放電，導致腿部的不自主反射，並不是大腦傳出的指令，讓腳動了起來。也因爲如此，常被媽媽誤認爲是腿可以動了，也常被民俗治療的師傅誤以爲是腿可以動卻懶得動，委屈和誤會也因此多了許多！

然後，我也開始懷疑自己，懷疑自己的所有想法，懷疑現在所出現的一切反應是不是幻覺，難道眞的是心理因素而癱瘓的嗎？其實我是可以動的嗎？我不斷在肯定與否定中矛盾著，掙扎著。

我，還活著嗎？還是幻覺？我無力地活著，無力地喘息著。

❖

出院後，我跑了許多醫院做檢查，但是每一次的檢查都重重打擊著我的信心。有一回，我到大妹服務的醫院做檢查，檢查的結果一樣沒個定論，醫生依然給了我一個「恢復機率不大」的判斷。

母女總是連心的，自從大妹告知我醫生覺得我復原的機率不大時，雖然我表面上看似平靜，但是媽媽早已察覺我內心翻騰不安的情緒，她開始有意無意對我特別留意。

每天睡覺前，媽媽一定會開一下我的房門，確定我已經睡了才將門關上，晚上起身上廁所，也不忘記繞到我的房間再看我一次，有時候看到電視新聞上的自殺消息，媽媽嘴裡會唸著：「現在的人動不動就自殺，自殺是最笨的行爲，死了以後靈魂會很痛苦。」然後一邊唸著，一邊看向我來。

這段期間，我知道媽媽的心裡也不好過，除了煩惱我這雙腿，還要擔心我因爲聽到太多負面消息而想不開。

❖

清晨，我跟金城武正愉快地散步約會，在我發現自己可以走路，高興得手舞足蹈時，突然天外飛來一「手」，猛力推倒我。

用力將眼皮撐開來，才發現那在夢中推倒我的人，原來是媽媽，她正用雙手在我的腿上來回用力搓揉著，我很清楚，媽媽是想確定我是不是還在呼吸，在冬天厚重的棉被下，很難看得出我呼吸時腹部的起伏頻率，媽媽總要推推我，讓我醒來看她一下，她才會安心地離開我房間。

這個中午，不，應該說是從出院後開始，我一起床就對著書桌發呆，什麼事情也不想做，復健也毫無精神，甚至連食慾都變得非常差。

午間新聞主播激動的播報聲，迴盪在小小的客廳，濃郁的菜香，搭配著陽光的溫度，午餐時間可以從鼻子聞到，可以從皮膚感覺到。

「秀芷，妳快來看這個！」媽媽的聲音突然大到蓋過電視裡的主播。平時，媽媽看到有好玩的新聞，總會大聲重複一次新聞內容，我常開玩笑問她，小時候的志願是不是當一名新聞主播。

「喔！」我隨便應了一句，心情低落地根本不想出客廳去看電視。

「有一名植物人，昏迷了二十年後再度甦醒，醫療界對這樣的奇蹟……」媽媽看我沒有出去看電視，刻意將電視的聲音調大，吸引我的注意。

這個植物人甦醒的奇蹟，一點也沒有吸引我，我依然呆坐在書桌前，就像這世界所有的一切都與我無關似的，在書桌前的我，像一座冰冷無體溫的銅像，動也不動。

「秀芷，妳聽到了沒有！植物人癱瘓二十年醒過來耶！妳這個病也沒有植物人嚴重，應該很快就可以恢復的！」媽媽興奮地進來我房間，又重複了剛剛新聞的內容。

「那又怎樣？植物人跟我這個又不同！」不耐寫在我臉上，看在媽媽心裡。

「反正不管怎樣，我會一直陪妳，直到妳好起來爲止。」媽媽從嘴裡吞吞吐吐，小聲地說出這句話，而我，這才突然回魂似的，抬頭看了一下媽媽。

「我會一直陪著妳，直到妳好起來爲止！」媽媽又再重複了一次。看著媽媽漲紅著臉，表情卻是那樣地堅決，聲調也變得宏亮。

媽媽會說出這句話，一定是在心裡想了很久，一定是鼓起了很大的勇氣，一定是下了決心。

「我會一直陪著妳，直到妳好起來爲止！」說完這句話，媽媽走出我的房間。

當房門關上的那一剎那，淚，就這麼順著我的臉龐滑下。

❖

媽媽是一個傳統的家庭主婦，嫁給父親後，就以家庭爲重心，在家相夫教子。在台灣傳統的教育裡，關愛總是以責罵來表現，父母與孩子之間，很少對彼此說出內心的聲音，「我愛你」也都是放在心中。

此時，我發現自己在媽媽面前是如此懦弱無能，一句「我愛妳」只敢在心中不斷重複著、吶喊著，就是無法像媽媽一樣，勇敢將心裡的話說出口。

黑夜中，月亮有星星陪伴，不再顯得孤寂；艷陽下，花草有微風吹拂，烈日不再顯得殘酷；而我，因為有家人的陪伴，感到安心。

讓人覺悟的遺書

突然想起一個深夜，日記本和我的臉一起被淚水浸濕，思緒也跟著糊成一片……

❖

夜晚的寧靜總是特別容易讓人多愁善感，這夜，脊髓損傷病患最常見的併發症「尿路感染」，正侵襲著我，高燒令我無法入眠，我不停地發抖，酸痛感也籠罩全身，在這炎熱的夏夜，我蓋上大棉被卻依然感到冰冷，或許我的心也感到冷吧！突然有股想哭的衝動。

這場病來得莫名其妙，醫生無法給我診斷，我自己也沒個頭緒，至於會不會再復發，誰也沒個準。這個夜晚，我突然莫名恐慌，感覺病毒似乎在體內蠢蠢欲動。

「如果再發作一次，那我們就可以確定妳是多發性硬化症了。」我想起醫生給我這不確定的未來下了這樣的診斷，我的眼前茫然一片，跟著失去了方向。

端坐在床邊，手撐著昏沉的頭，眼神茫然地不停尋找，尋找什麼呢？尋找這夜晚熟悉的空氣味道，尋找這空間一個熟悉的角落，也尋找著想哭的理由。

時鐘停在九點四十五分，在這樣的週末夜晚，可以穿著新買的衣服踏遍所有想去的地方，可以跟三五好友計畫假日的去處，或者可以瘋狂地爬上高山，就只爲了看夜景，即使下著滂沱大雨，仍然可以撐著雨傘出門，可以……可以……

忍著全身的肌肉痠痛，我抓起了沉重的雙腿移坐到輪椅上，冰冷的輪子，一股冷冽感直刺手心，手拿茶杯接著熱水，因爲雙手發抖，杯子裡的水也濺起了一波波的水花，捧著裝熱開水的杯子，短暫的溫暖後又恢復冰冷。吃完藥後，忍不住嘔吐了起來。

「爲什麼！坐輪椅已經很辛苦了，不要再這樣折磨我了！」對自己說的氣話卻將球球引了過來。

提起筆，我在日記中記錄下今天的心情，球球在我腿上沉沉睡著，我摸了摸牠柔順的毛，「如果我又復發，那誰來照顧妳呢？」

日記本翻了一頁，原子筆的藍色油墨開始烙在本子裡——

「如果我死去，請替我照顧球球，雖然牠常不乖，但是牠在我最脆弱的時候，給了我許多安慰。」寫完第一句，淚水順著臉龐滑下，墨水瞬間被暈開，在日記本上形成一個藍色小淚湖。

家人擔心的事情，終究還是發生了。極度惡劣的心情，再加上病毒的圍剿，我開始懷疑自己爲什麼還要存在這世界上，活下去的意志，在此時被徹底擊垮。媽媽之前雖然刻意藏起所有銳利的工具，但是對於美工科畢業的我來說，要找到一把剪刀或刀片，實在是輕而易舉。顫抖的手，從抽屜底端找出一把高中時期買的美工刀，卻在下手前想起：「總該交代一些什麼吧？」

我緩緩地繼續寫下我的遺書：「請將我火葬後的骨灰灑向大海，讓我像條美人魚般悠游於海中，不再受限於冰冷的輪椅；請爲我換上裙裝，生病後因爲復健方便，已經很久沒穿裙子了；請給我一個簡單的喪禮，靈堂上佈滿充滿朝氣的向日葵，讓我可以因花的向陽性，指引我往陽光最亮的地方前進；請爲我用鋼琴彈奏蕭邦的〈離別曲〉，讓我聽著琴鍵清脆中帶點木頭聲的記憶離去；我想上點淡妝，穿上那雙咖啡色高跟靴子，身上噴著我最愛的白麝香香水，背著小妹幫我買的袋子；請幫我在袋子裡放上家人的照片，那麼當我在另一個世界裡想念大家時，也可以拿出來慢慢回憶。」

雙手顫抖地再也寫不下去，或許是因爲寫下這遺書的關係，思緒跟著被轉移了，我想到了關於死亡的記憶：發病時候那種呼吸不上來的痛苦滋味，那段用意志力維持生命的日子，以及一次自己親眼看著別人與死神搏鬥的經過。

某次住院時，夜晚我請媽媽回家休息，因爲我已經有能力照顧自己，一個人待在醫院裡沒問題。當時，隔壁床住了一位腦膜炎的女孩，進出加護病房多次，遊走於死亡邊緣，她的母親擔心她會在睡夢中離去，所以常常會在她耳邊喊著她的名字，有時候女孩睡熟了，沒有回應，她母親會焦急地搖她，並且大聲叫她，直到她醒過來。夜裡，我常被這位母親的聲音吵醒，雖然睡不好，但是我卻可以體會她的感受，因爲，這讓我想起媽媽每天早晨會到房裡來，用手指確認我是否還有鼻息一樣，那是充滿不安與恐懼的心情。

在一次凌晨時分，隔壁床那位母親喊叫女孩的次數頻繁，也愈來愈急促，護理站的鈴聲狂響，由於女孩的狀況突然轉壞，剎那間，所有的護士醫生都衝了進來，廣播也不停地放送著急救訊息，我親眼看著整個急救過程。

「姊姊早安！妳看這是看護送給我的娃娃。」無法想像昨天還活蹦亂跳、可愛模樣的女孩，此時突然陷入昏迷，身上插滿導管。

「來，準備，離開！」

「碰！」女孩身體猛力抽動了一下，醫生不斷嘗試電擊心臟，讓女孩清醒過來，一袋袋從體內抽出的污血就這樣攤在我面前，我震驚得說不出話，甚至連呼吸都在發抖，這就是生命殘酷的事實嗎？爲什麼我沒有任何能力去改變？

「好痛—我不要活了—不要救我—讓我走—」

「醫生！我拜託你，我不要她走！她還那麼年輕……」

直到現在，那女孩從頸部氣切孔裡所傳出的微弱、絕望的哀求聲，還有女孩母親聲嘶力竭懇求醫生的吶喊聲，都依稀在我的腦海裡。

❖

生命在不同的角度，有著不同的想法；一方想脫離，一方卻想挽留。

這個夜裡，我睡不著，生與死在腦子裡鬥爭著，不只是因爲想起那急救的恐怖畫面，過去種種，也都千頭萬緒地湧入心頭，我想起當初家人不也是如此，央求著醫師盡快控制住這快速惡化的病，哭過一個又一個的夜，只是當時的我並沒有像女孩一樣想放棄生命，意志力帶我走過了危險，我撐了下來。

我的家人如此堅決不願放棄，持續帶我上醫院復健，我常想，如果換做是我，我也能跟他們一樣一直支持著、付出著嗎？

是啊，當初靠著意志力撐了下來，那麼現在爲什麼卻想放棄？家人不放棄我，無私地付出，而今我卻是第一個想放棄自己的人。想到這，我痛苦地抓著頭，腦子裡在這時候出現了母親的聲音：「我會一直陪著妳，直到妳好起來爲止。」

想起這對年邁的雙親，曾在一個又一個的夜裡，憂心地拿著一杯水，開車到廟宇去，凌晨的廟門深鎖，冷清的庭院更增添了憂傷。他們將水杯放在廟門前的階梯，雙膝跪在冰冷的地板，對上天磕頭祈求，希望讓我恢復健康。他們在廟門前磕了一千、甚至五千個頭，有時父親血壓高無法繼續完成，母親會將他扶到一旁休息，自己再獨自完成磕頭，然後連夜將那杯水送到病房給我。

那杯水，我只能喝一半，母親會用另一半沾濕毛巾，擦拭著我的雙腳，嘴裡唸著：「眾神明請保佑，讓秀芷的腳快點恢復。」

住院期間，我常在凌晨被搖醒，喝著那杯他們辛苦求來的神水，聽著母親唸著祈禱文。

我的腦子裡思緒不斷湧現，關於自殺的想法漸漸顯得幼稚，刀子怎麼也無法再往手上劃去。

❖

這時，球球被我的啜泣聲吵醒，歪著頭好奇地看著我，等著我對牠微笑，牠撒嬌地要我摸摸牠，突然間，我似乎找到了那種熟悉感覺。

即使一切都變得不方便，家人依然在背後推著我，沒有埋怨，盡力讓我過得自在；即使一切都變了，朋友的關心卻還是不斷在身邊、耳邊。我找到了那些熟悉的感覺，球球善解人意的表情，窗外的一小片夜景，還有夏天從窗口飄來的涼涼微風。

「嗚……」球球伸了個懶腰回到自己的位子睡覺，一個牠熟悉的地方，而我是牠熟悉的人。

我無法阻擋這病的發生，我無法讓身體快速恢復，無法進出沒有無障礙空間的地方，無法習慣路人好奇的眼光，無法像以前那樣自在不受拘束，但至少，我還能擁有思考的自主權，擁有自己的靈魂，擁有讓自己每分秒都過得精采或是墮落生活的選擇自由。

而當我自私地選擇離開，這世界並不會因爲我而有所改變，但是，所有愛我的人，都會深深陷入憂鬱中，甚至是一輩子，因爲在這個世界上，再也找不到可以取代我的人了，我在家人的心中，是獨一無二的，是無法取代的。

我想通了，即使再如何艱苦不順心，時間還是不停走著，明天，明天的明天，依然會來臨。擦乾淚堅強面對，即使不完美，但我決定爲自己盡力，爲愛我的人努力，用力去過往後的每一天，因爲我不只是個個體，我牽絆著許多人的心，即使我只是坐在這裡，即使我什麼都不能做，只要他們看得到我，就會感到安心，而目前的我，能回報給家人的，也就是快樂的活下去，唯有我活得快樂，才能讓他們放心。讓他們看到我很努力地活著，不再讓愛我的人，處於擔心我自殺的精神壓力下，這才是我該做的，才是我生命存在的意義吧！

我該要努力去尋找屬於我的生命價值，我要用我僅剩的一些力量，去創造無限的未來。放下刀子，我將遺書藏起來，再度倒了杯開水給自己，將藥丟進嘴裡。「要有信心喔！明天也要加油！」對自己信心喊話後，移回床上，擦乾眼淚看著窗外的夜景沉沉睡去。

4 另一扇窗

「境不轉，心轉。」

換個角度去看事情，就會發現許多不同的轉變。

過去的我，用修長的雙腿行走著，

現在，不過是換了個形式，用輪椅行駛於這塊土地上。

原來我可以

出院後，除了吃飯時間外，我都待在自己的房間裡，對著窗外發呆，拿著日記本塗塗寫寫，在下午的時候做著那一點也沒有成就感的復健，偶爾花點時間擦眼淚，大多時間都想著負面的事情。

直到弟弟與L合力將電腦搬到我房間來，生活中突然多了點事情忙，不再每天無所事事。

我開始從電腦裡，摸索吸收著從未嘗試過的新鮮事物，練習使用這臺總覺得按錯一個鍵，就會開啓自動爆炸系統的機器。

就在我學會使用WORD打出文章後，一次跟朋友「餃子」閒聊時，餃子問我是不是有將生病後的所有心情記錄下來。其實我一直都有寫日記的習慣，將所有的快樂悲傷全部記錄下來，閒暇時，像個老人一般，喝著茶慢慢看，細細回憶過去的種種。

「可以借我看嗎？」

餃子這突來的要求把我給嚇到了！記得國中的時候，當時還小的弟妹們偷偷把我的日記拿出來看，還當作笑柄譏笑一番，從此之後，我可是費盡心思，將日記本藏在連自己都可能會忘記的地方。雖然餃子是我從出版社時期就認識的好朋友，我還是難免猶豫了一下。

「放心，我並不是想窺視妳的生活，只是想瞭解妳這段期間的心路過程。」

餃子聽得出我的猶豫，經過溝通之後，我決定將日記與餃子分享，第一次將我這些日子以來的喜怒哀樂以及內心世界，毫無保留地攤在她面前。

❖

餃子隨性地翻了翻我的日記，偶爾幾篇她會停下來仔細看，而我不斷想著，餃子看完後會怎麼想我？懦弱、膽小，還是自怨自艾？

「秀芷，妳的故事不寫出來讓大家知道，是很可惜的。」

當餃子闔上我的日記，我早已滿臉通紅，就像是將自己赤裸裸地攤在她面前，完全被看透一樣，眼睛不敢直視著她。這樣極度沒自信的我，怎麼會有勇氣將自己的事情公開在大家面前呢？

「先從報紙投稿開始吧！」餃子堅決地看著我說。

「不會吧！我這文筆──」我瞪大了眼看著餃子，從沒想過美工科畢業的我，也可以寫文章，更不用說將文章刊登在報紙上了。

「我覺得妳可以，因為妳很特別，看事情的角度很不同，文筆也很有感情。」餃子分析了一番，鼓勵我嘗試看看。

「一篇好的文章，不在於它有多華麗的字彙、多厲害的寫作技巧，用真心寫出來的文章才能感動人心。」餃子離開後，我翻著自己的日記，反覆思考著餃子說的話。

❖

決定嘗試投稿後，我請姊姊的朋友幫我安裝數據機，還好現在的報社都提供了網路及傳真投稿的方式，正好解決我無法出門寄信的困擾。

「好了，裝上數據機，妳就可以從電腦發傳真出去了。」姊姊的朋友一邊擦著汗水，一邊開始教我操作。

我重複操作了一次，但在將文章傳送出去前，我突然停下手。

「這個按鍵點下去，文章或許就會從我的內心傳達到大家的心裡了。」楞了好一會兒。「管他的，我用筆名，誰知道我是誰呢。」滑鼠在傳送鍵上輕點了一下，一陣雜吵的嗶嗶聲後，開始了我每日的引頸期盼。

媽媽總覺得奇怪，每天見我衝出來搶報紙看，但翻了一下副刊之後，又失望地回房間去，這樣經過幾天，我已經從期盼轉為失望，也幾乎不再刻意去注意報紙裡有沒有我的文章。

直到一天下午，電話鈴聲吵得我不得不停下敲著鍵盤的手，有氣無力地接起電話。

「秀芷，我已經到台灣了，現在在機場！」是大姊，帶團出國剛回到台灣。

「妳很行喔，秀芷，上報紙了！」我對這句話感到錯愕，上報紙？

「什麼上報紙，妳又要跟我說徐曉晰上報紙了是吧？」從以前就有很多人說我長得很像明星徐曉晰，每回只要她上報紙或是電視，家人總開玩笑說是我在電視裡，所以聽到大姊的話，我只覺得她又在開我玩笑。

「不是啦！妳的文章上報紙了，我在飛機上看到的，看完之後才覺得這故事很熟悉，一看筆名，就知道是妳！喔，妳知道嗎？我在飛機上尖叫，還拿給我的團員們看，大家看了都感動地哭了……」沒等大姊說完，我已經推著輪椅衝到客廳去，把我老早遺忘的投稿記憶給拉回來。

我看到了，《自由時報》的副刊裡，最大篇幅的那篇！拿著報紙的雙手不停地抖著，我感動到只能傻傻地盯著報紙看，直到媽媽買完菜回到家。

「妳在幹嘛？難得妳會出來客廳。看報紙也不開燈，看得到字喔？」媽媽走了過來，聲音喚醒了沉醉在感動中的我。

「呵呵—媽，我不用開燈就知道裡面寫什麼啦，我的文章上報紙了。」

❖

這天晚上，家裡所有的話題都圍繞在我這篇刊登在報紙上的文章，即使是最瞭解我的家人，看完文章後，還是會忍不住地紅了眼眶，而我，卻是開心地咧嘴微笑，因爲在今天，我重拾了自己的信心，也感謝餃子鼓勵我去挖掘潛藏在內心的無限可能。

隔月，我收到生病後第一筆自己賺來的錢（稿費），雀躍不已的我，後來又在報紙上以筆名刊登了許多篇文章，也因此埋下了寫作的種子，繼而在網路上發行個人電子報、出書、演講，正式走上作家這條路。

人的潛能是無限的，不是嗎？但是當你猶豫不決的時候，可能就此埋沒了所有的無限可能。

❖

關於當時投稿所用的筆名，其實是在生病期間，有位算命師說我的名字不好才會生病，要我改名字才能恢復健康。

「妳從這幾個字裡，選擇妳想要的做搭配吧。」算命師將一張寫了許多國字的紙張遞給我，要我自己找出喜歡的字來。

我在書桌前看著這張紙發楞。秀芷是媽媽幫我取的名字，是媽媽用她對女兒的愛所取的名字，每一次她呼喚我的時候，就像是在告訴我她有多愛我。眼前的紙張，寫了許多毫無感情的單字，要我從裡面挑出兩個字來，感覺有點困難。改了新名字後，家人若呼喊我的新名字，我還能有這樣熟悉的感覺嗎？用了這麼多年的名字，我眞不想改變。

爲了讓家人安心，我還是盡量從陌生的單字中尋找熟悉，努力地拼湊了我的新名字：「瑩優」。然而無論算命師怎麼說，我堅持不更改我身份證上的名字。雖然我用新名字投稿，但是用本名領稿費，秀芷這個名字並沒有給我帶來什麼災惡，我，依然是秀芷。在我的認知裡，名字是個代號，是方便人家記住你，呼喚你的代號，命運的好壞不該歸咎於名字上，唯有自己的行爲才會改變命運。

❖

稿費並無法滿足復健所需要的費用，一次與出版社朋友「WEI」聯絡上，一陣閒聊後，他詢問我願不願意接外稿，因爲稿量太大，員工無法消化，只好發外稿進行，外稿的工作內容就是以前剛進出版社時，那個有點枯燥繁瑣的修圖工作，因爲工資不高，朋友擔心我不願意接，所以遲遲沒敢問我。然而，我心裡是雀躍不已的，因爲工作賺錢，供自己眼前這龐大的復健花費，正是我現在最需要的，所以不管這工作怎麼辛苦，我都願意接受。

由於我不方便外出拿稿子，貼心的WEI會請快遞將稿子送到家裡來，等我完稿後，再請在台北工作的妹妹幫我送去。修圖的工作並不固定，有稿子的時候，我會花一整天的時間在書桌前處理稿子，甚至熬夜趕稿，因爲這樣才可以把握時機，多接幾本稿子；當沒稿子可以接的時候，我也沒有讓自己閒著。

我透過朋友的介紹，接下藥品公司的說明書插圖，許久沒拿畫筆的我，其實是很沒把握的，但是眼看著機會就在眼前，放棄了不知道還要等多久。

「唉唷，沒有人一開始就很厲害，大家也都是從磨練中變強的。」餃子在這期間不斷鼓勵我，借我完稿用具，並且與我分享她的接稿經驗，每當我遇到問題的時候，也會找餃子商量。

是啊，總會有第一次，總要經過磨練才會成長，就這樣，我毅然接下這說明書的案子。從草稿到人物設定，再從分鏡到字體級數設計，甚至跟客戶說明我的插圖構想，這是我第一次一個人獨自完成所有的事，雖然緊張又疲憊，但是卻因此學習到很多我從未接觸過的事情。當我拿到印刷成品時，心情是激動的，這段時間的所有辛苦與挫折，在此有了個成績，勇於嘗試挑戰的觀念，也在這時候深植我心。

❖

然而我並沒有因爲接稿就放棄寫作，我利用工作空檔時間寫文章，並且持續投稿。在一次上網閒逛的時候，我發現了一個可以免費發送電子報的地方，我興奮地申請了一個發報臺，並且開始跟朋友討論電子報的報名，從《傾聽你說》、《輪轉人生》，最後，以秀芷的諧音「袖子」這個點子勝出，成爲電子報報名。《袖子電子報》開張的第一天，只有七個人訂閱，這七個人還都是親朋好友們。在努力發文一段期間後，我的電子報終於獲得認同，被選爲當月優良電子報。經過總發報臺的推薦，訂閱人數漸漸增加，甚至開始收到讀者的來信。

「妳好，請問這故事是眞人眞事嗎？」

「請問可不可以不要把女主角寫得那麼慘？」

「請問最後女主角會站起來嗎？」

剛開始寫下自己的故事時，其實心情上還不見晴朗，所以在文章中，多以第三人稱來書寫，也因此，大部分的讀者都以爲這故事是虛構的，大家都希望這故事能有個完美的結局，女主角可以恢復健康，而我也這麼希望著。

這一篇篇的文章，不只是心情抒發，也算是自我療傷，在寫作過程中，我有機會回頭看以前的自己，也更加瞭解自己的想法，甚至輔導著過去的自己，就像是在與自己的內心對話。每完成一篇文章之後，總會發現自己也跟著成長。在發行了一年半的電子報後，某家出版社找我將電子報的文章集結出書，就這樣，我眞正成爲一個作家，甚至後來還成爲一位生命教育講師。

高牆阻擋了去路，我突破高牆，眼前出現一片綠地；往前奔馳，我沒打算停下腳步。人生不是單一出口，此路不通，還有很多路可以走，只要能突破自己的那片心牆，廣大的世界任你去遨遊。

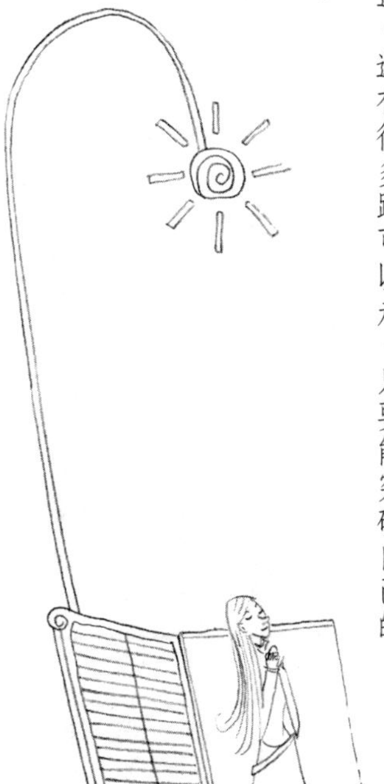

來自各地的新朋友

茫茫的網際網絡，無限大的世界，能夠遇到眞心相對的朋友實在很難，而我在這個虛擬的世界裡，卻得到許多最眞誠的友誼。

❖

接觸電腦之後，我像隻飛離籠中的鳥，自在地暢遊在廣大的網路世界，沒有樓梯門檻的阻礙，沒有人知道我在輪椅上，更沒有人眞正知道我是誰，今天去美國，明天去日本，就像小叮噹的任意門，我每天愉快地環遊世界，當然也接觸到網路必去的聊天室。

電視新聞裡沸沸揚揚大肆報導著網路交友被騙受害的新聞，我在聊天室中卻幸運地認識了一群眞心的朋友，他們來自不同城市，不同工作，以及不同年齡層。由於大家特別有話聊，常常約好時間一起在網路聊天室中分享生活。剛開始我並沒有提及我的病，但是聊久了，難免會被問及一些個人問題。

「妳的工作是什麼啊？」這問題一出現，我開始思索，該說哪一個好呢。

「我接稿子回家做。」

「喔！妳是SOHO族？個人工作室？」

「也不是啦，我也寫文章……」我怎麼也解釋不清我的職務到底是什麼，因為我那零碎的工作，連自己也不知道如何說明我的職業類別。

當時，一位比較細心的女孩「小玫」，悄悄詢問我是不是有什麼不願意說的話，我才發現，自以為萬全無誤，自以為人家看不出來，其實我早就在文字間透露了不安與顧忌。我開始跟小玫談起我的發病經過，複雜的心情，沒想到小玫告訴我，其實聊天室中的另一位朋友，也是位殘障者，就這樣，我們開始毫無避諱地在聊天室中談起自己，分享自己的生命，互相鼓勵與支持，我們甚至組了一個網路家族，「眞心家族」，做為彼此聯繫感情的地方，還相約進行第一次的網聚。

這一次的網聚，其實家人們比我還要期待與高興，因為這是我生病以來，第一次和家人以外的人出去。當時我的心情是緊張且不安的，雖然在網路上稱兄道弟十分熟悉，但是眞正要去面對一群從未見過面的人，還是令我緊張到臉發燙。

「總要嘗試著走出去的，去了再說吧。」下定決心似地對自己這麼說。

這一次的網聚，父親開車接送我，而L則陪同我前往。L背著我到同是殘障者的Maggie家，Maggie家並不大，爲了方便我活動，她搬出了輪椅借我，我坐在她的輪椅上，和家族的十位成員聚在一起吃火鍋——紅豆姊體諒我的不方便，不時夾菜給我；從彰化北上的J.K.靦腆地要我多吃點；L擔心我不適應，在一旁忙著說笑話暖場。大家的熱情讓我不再一臉尷尬，直到夜幕低垂，大家將零食塞滿我的包包，也將滿滿的祝福塞滿我整顆心，我滿載著快樂回到家。沒有同情眼神，沒有歧視，只有熱情的招待與關懷，我跨出了第一步，擁抱人群的第一步。

❖

透過網路的媒介，我認識了很多不同領域的朋友；因爲發行電子報，我認識了很多報主，互相交換發報心得，也相互鼓勵；也因爲電子報，認識許多讀者，彼此分享心事及想法；更因爲在新浪BBS上發表言論，認識了許多志同道合的朋友，一起去聚餐，也互相幫忙。我雖然失去了行動的自由，卻得到了更多的友情。有一年的生日，一群網路上的朋友幫我在KTV舉辦了一場盛大且難忘的生日派對，當時雖然有開放網路報名，預先統計人數，但當天到場參加的人數，比實際報名還多，於是我們換了一個更大的包廂，但還是有人得坐在門口。當晚，輪流拍照花去了大半的時間，禮物擺滿整個桌子，笑容一整夜不停，回到家才感覺到兩頰發酸，心裡也無比感動。

「或許上天是要我停下腳步來認識這群可愛的人吧。」我這樣子對自己說。從前的我將自己鎖在房裡，將所有心事關在心裡，孤僻到朋友們都不敢再接近我。而當我勇敢地面對人群後，現在的我，擁有一群眞心的好朋友，一堆開心的事情，還有滿滿的幸福。

現在的我，真得很快樂。原來幸福一直都在，只是我將它關在門外。當你打開門走向外，原來門外的世界是一片蔚藍，門內的世界才是陰沉灰暗。

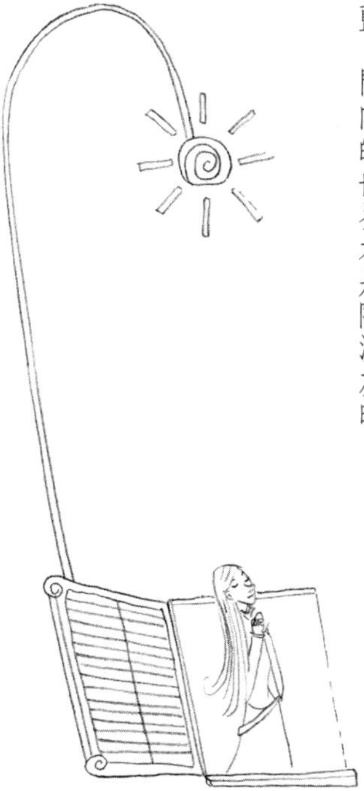

重新出發

晨曦中，石縫裡鑽出了小草，藤蔓悄悄地攀爬上高牆。原本看似困難的阻礙，卻在充滿韌性的生命力中被突破。

❖

因緣際會下，幾年前我第一次將發病心情集結出書，出版社接洽了許多書店，希望能夠借場地舉行新書發表會，但因爲我是個沒有名氣的新作家，書店考慮到成本問題，一直不願意出借場地，直到出版社老闆動用了自己的人脈，才在西門町的誠品書局找到了場地。

當天，心情七上八下地擔心著，會不會只有我的家人來，面對媒體鏡頭我會不會說不出話來。「眼影呢？粉撲給我！」我的房間彷彿就像秀場的後臺。而姊妹們也忙碌著打扮，不爲了什麼，只爲了參加他們最在意的家人，我，的新書發表會。

「哇！西裝耶，好帥喔！」父親靦腆笑著，一邊整理著領帶。父親上一次穿西裝是什麼時候呢？似乎是很久以前了。

「呵呵！妳爸說他今天比嫁女兒還高興呢！」媽媽也難得在臉上擦粉，或許是不習慣吧，頻頻伸手去摸臉。

我呆望著家人忙碌的樣子，腦中思緒跳躍著一幕幕的畫面：發病那天，慌亂闖紅燈的父親；在醫院陪著我哭泣的母親；哭腫了眼到處找支援的大姊；從高雄學校趕回來的大妹；小妹看到我狀況時驚訝的臉；弟弟出奇冷靜地站在病床旁；而我雙手抓著床欄，用力吸著空氣。甩甩頭，今天的我，看到家人燦爛的笑臉，心情是非常激動的！

到了西門町誠品，沒有無障礙設施，我必須從後門的貨梯上樓，管理員似乎不知道我們的來意，不耐煩地在一邊嘮叨著：「從前面不行嗎？這邊不是隨便人可以進去的，你們沒事先講我也不敢亂開。」

我望了他一眼，冷冷地回道：「前面並沒有電梯，我上不去！」

經過後門濕臭的垃圾集中地，出版社楊老闆與經銷商將我連輪椅抬起，費力地爬上四格階梯，這才得以坐上貨梯上三樓，經過倉庫的書堆，我終於排除萬難登上了誠品新書發表會的現場。

看著背板上我大大的相片，還有兩邊的立板，「呵呵，好像明星喔！」我傻傻笑著，讓老闆將我推向簽名桌前，我環顧四周，跟幾個認識的朋友打招呼，突然手機狂響。

「秀芷，恭喜妳唷！請往右邊看！」哇！一大群新浪BBS上的朋友來幫我打氣，我開心地笑了，然後是很久不見的高中同學，然後是東立出版社的同事，然後是眞心家族的朋友，然後是豬頭哥跟懷孕的嫂子，還有HONGA，然後是L……。

「秀芷，我們大約再過十分鐘就開始好嗎？」于白儂老師輕聲地在我耳邊說話，也將我緊張的心情輕輕挑起。

媒體開始架上機器，電臺的主持人也陸續到場，攝影機的閃光燈開始閃了起來，深吸一口氣，帶著所有的光熱，即將在誠品西門店引爆。

❖

「秀芷的新書發表會即將開始，秀芷在三年前因爲一場莫名原因的病，整個人生的計畫都被迫中斷，剛起步的模特兒生涯也因此……」

于老師慢慢將我的發病過程作個介紹，記憶中的畫面又不斷地翻攪，從小時候晃著搆不到地的雙腳，彈著剛學會的鋼琴曲子，到高中的叛逆，讓爸爸爲我擔心煩惱，到發病，低潮自閉，到現在……。這一路走來的過程，都像電影畫面般在腦海中閃過，鼻頭一陣酸，我提醒著自己不可以哭的，跟大家都說好了不哭的，只是當我開口說話時，淚水卻不爭氣地潰堤了，原本想好要說的話，全都被淚水給澆個模糊，完全忘掉了！數度哽咽的我，在大家的加油聲中，努力控制自己的情緒！一抬起頭，卻發現很多人都跟著落淚，而我更像個哭著要媽媽的孩子，回頭尋找家人的蹤影，誰知道家人都害羞地躲在各角落，不過我想，他們一定也跟著我哭濕了眼，畢竟這三年多來，他們陪著我一路走來，是最深刻瞭解我心情的人。

簽名會在我發表完感言之後開始進行，我埋頭簽著名，也發現許多是在電子報上或ICQ上看過的人，很多通過信但沒見過面的人，也出現在會場，整個會場驚叫聲不斷，就像是個大型的認親大會一樣！也不知道自己簽了幾本書，拍了多少張照片，一直到出版社老闆提醒我要快點，會場的時間要結束了，我這才抬起頭來，發現等著簽名的隊伍還很長，這又讓我差點濕了眼。

記者湊上麥克風問我：「請問妳堅強的理由是什麼？」

我指了指排隊簽名的人群：「就是這了，你眼前所看到的人們，還有在我背後的家人，他們都是我堅強的理由。當身邊的人都不放棄我的時候，我又有什麼資格和理由放棄自己？」

這一天，出乎預料地，現場來了兩百多個人，書局裡的書賣到缺貨，隔壁書店早也被掃空，來不及調書，許多想買書的朋友，只好先拿筆記本讓我簽名，再到其他書局找書。也因為台北的簽名會成功，接著又跑了台中及高雄舉辦兩場簽名會，最特別的是，高雄誠品的那場簽名會，所有的接洽與會場安排，都是由高雄的網友們一手包辦，我何等榮幸擁有這些朋友們，無條件為我費心簽名會事宜，感動在心，無法用言語形容。

簽名會結束，大家還是沒有離開，在熱鬧的慶功宴裡，我感謝所有朋友的熱情參與，也慶祝著自己的蛻變。

❖

一連串的事件之後，今天，我站了出來，將所有痛苦傷心的回憶都甩在後頭，用開心、感恩、盡力的心情，過著往後的每一天。終於，這個曾經讓大家擔心的秀芷，她破繭了，不再是那躲在殼裡的可憐蟲，她將帶著大家的祝福與關心，往前飛去。

出版了第一本書後，廣播及電視採訪不斷，緊接著面對的，就是演講的邀約。我不斷被推著往前走，也不斷遭遇到許多挫折，時間並沒有因爲我的工作量變大而增長，我只有在這短短的時間內，想辦法突破困境，找方式調適自己。

記得自己的第一場演講，是在世新大學，當我接到電話的時候，還有點猶豫與不知所措，就在這短短的幾分鐘裡，腦子不斷地浮現出兩派聲音。

答應嗎？從小，學校裡舉辦過大大小小的演講比賽，而我雖然在合唱團裡常受到老師的誇獎，但就是從未被老師挑選上臺演講。演講，似乎是功課好、有著甜美聲音者的專利。

拒絕嗎？這或許是一個機會，如果我錯過了，那麼以後一定會後悔吧？我連試都沒試過，怎麼知道自己行不行，也許以前學校老師就是錯看了我這匹黑馬啊！

我在心裡不斷的掙扎、評估、考量——

「我很榮幸能到貴校去演講，請問演講的時間是？」最後還是決定接下這場演講。

掛上電話後，心裡除了興奮，緊張更是讓肌肉都繃緊了起來，我開始擬演講稿，從來沒寫過演講稿的我，不知道塗改了幾百回，最後終於放棄！

看著在演講的前一天晚上才匆忙搞定的講稿，想當然的，演講也就好不到哪裡去了。

我手拿麥克風，看著臺下的同學從期待變成無奈，一直到睡著，就連爸爸這基本觀眾，都在最後一排睡到打呼，這挫敗感讓我回到家後，悶在房裡許久許久。

「沒道理我辦不到啊，一定是哪裡出了問題！」

收拾起挫敗的傷心，我開始檢討這次失敗的演講，在網路上搜尋名人演講稿，並觀看電視裡演講者的神情、內容及語調，然後再重新擬定一份屬於我的演講稿，反覆在房間裡練習，找到屬於我的演講方式。直到第二場在陽明大學的演講，雖不是最完美，卻獲得很多的掌聲，我這才眞正感受到自己在演講，之前的辛苦與挫折都煙消雲散了。

隨著演講的邀約漸多，遇到的挫折也跟著多樣起來，排除掉演講稿的挫折，我也遇到林林總總輪椅族常遇到的困難。

學校的無障礙空間並不如想像中完善，通常在上下講臺時，都是請同學或是老師幫忙，連人帶輪椅一起扛上講臺，遇到講堂在樓上的，就更加辛苦了！還好同學的態度總是不讓我感到愧疚，記得有一次，到聯合技術學院演講，同學們一邊抬著我跟輪椅，一邊還唱起了「內山姑娘要出嫁」，整個熱鬧的氣氛令我印象深刻。

❖

後來應苗栗「陳清波文教基金會」的邀請，我開始擔任基金會長期配合的講師，在苗栗巡迴演講了兩年，跑遍苗栗各學校，也開始跨出台北以外的地方。演講期間，雖然有許多不方便，雖然因爲車程而感到疲憊，但是每當演講結束，臺下或許兩千、或許數百的同學們，自發性對著我喊著：「秀芷，妳一定會好起來的，加油！」我的心裡就非常激動。總覺得自己的演講，並不是種付出，而是一種收穫，當同學們一聲聲的祝福傳達到我心裡，那就像是一股念力，一股正向的念力，推著我往復原的路走去，因爲他們相信我會恢復，而我也相信這股念力會幫助我恢復。

在苗栗演講期間，我也遇到一些需要去突破的困難，開車一小時，再加上演講的時間，如廁問題就是我最直接的困境。

常常在演講後趕回家，膀胱早已經漲得誇張，我又不想長期帶著尿袋讓膀胱無法正常儲尿，由於受限於廁所的不方便，每當演講結束，都只能看著路旁的風景匆匆略過，無法停下好好欣賞。

「不行，一定有什麼方法可以解決才對！」

下半身癱瘓之後，不僅是行動受限，就連如廁問題，也變得繁雜困難。上小號，我使用的方式是單次導尿，必須用導尿管深入尿道，將膀胱裡的尿導出來，光這動作，我就必須比別人花更多的時間處理，並且要小心消毒工作，以避免產生尿路感染的狀況。

爲了讓自己可以長時間在外頭，爲了讓旅遊及演講活動更有品質，我將自己關在房間中，嘗試各種如廁方式，嘗試在輪椅上解決如廁問題，並在遇到困難時，與當護士的大妹互相討論研究。

「成功了！YA！」

我就像發明家一樣，將自己關在房間裡苦試一段時間後，在成功的剎那，興奮地開門跟家人分享。只是，這個輪椅上的導尿法，我只能跟媽媽姊妹們炫耀。

❖

當自己第一次在高速公路休息站的殘障廁所中完成「輪椅上導尿法」後，那種成就感眞是無法形容的快樂！也從這次之後，我出門再也不需要因爲如廁問題而掃了玩興，只要能找到輪椅進得去的殘障廁所，甚至只要將車子蓋上黑色車布，如廁的問題輕鬆又方便！

突破了重重關卡，我不再受限於小小的輪椅上，握緊了輪圈，我用力往前推行，從今天起，我的方向掌握在我的手裡。

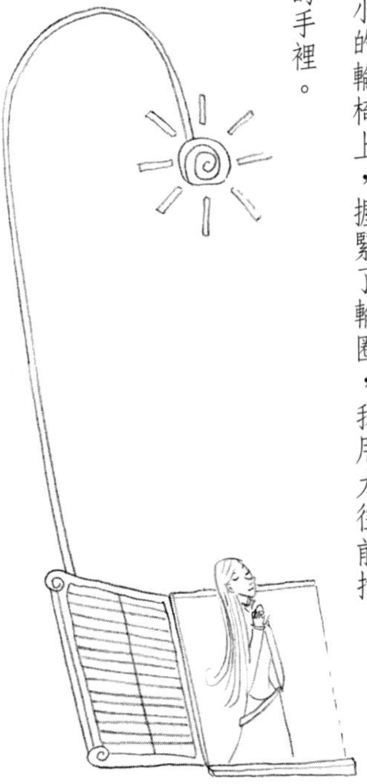

摔倒就再爬起來

有時後，眞的覺得自己很不孝，生這樣的病讓父母操心。這個不明原因的病，除了我自己以外，最擔心的還是爸媽吧！偶爾的突發狀況，總讓他們緊張得多了幾根白髮。

常在半夜，聽到父親在客廳裡來回踱步的聲音，偶爾還夾雜幾聲嘆息，我知道他心裡有很多煩惱。父親本來就不多話，是個極爲傳統的台灣父親，只會在夜深人靜的時候，向母親提起心裡的擔憂，大多是爲了孩子的將來，或者自己身上的病痛煩惱。

我生病之後，上下樓除了靠男友L外，父親也常在L無法抽身的時候，背我下樓。只是我這病拖了很久也不見好轉，父親的身體也漸漸變差。

起初父親經常感到頭暈，然後是莫名地想嘔吐，臉色變得很差，還很容易疲憊，母親要陪著他去看醫生，父親總是推說：「沒事幹嘛要去看醫生，檢查完總是沒病變有病。」

就這樣拖著，直到有一次，父親如往常開車載我去復健，只是那天的父親變得很奇怪，才起床沒多久的他，開車的時候直打瞌睡，常在等紅燈的時候睡著，綠燈時要我推推他才醒來，甚至有好幾次，車子偏離了車道，差點擦撞到隔壁車道的車子，嚇得我跟媽媽在車上膽戰心驚，不時要提醒他不可以睡著。

「啊！爸，你快要撞到旁邊的車子了！」

就在快到家的路口，父親手放在方向盤上，腳踩著油門，居然就疲憊得瞇上了眼睛，車子偏離車道，差點撞上隔壁的公車，一時間喇叭聲加上我們的尖叫聲驚醒了父親，這才緊急煞車閃過了公車。

「你是睡著了喔？」母親一臉慘白。

「沒有啊，我看到一個黑影。」

父親平時開車十分謹慎，像這樣晃神的狀況絕對不可能發生，我們開始擔心起父親的身體狀況，也更加確定，無論如何，就算用綁的也要將父親架到醫院去做檢查。

❖

「我就知道醫生都這樣，動不動就要人家洗腎！」醫院檢查之後，發現父親的腎臟壞了，無法排出毒素，尿毒升高才使父親像中毒一樣，臉色發黑，容易疲勞。

父親拒絕洗腎，這一拖又是好一陣子光景，直到我住院去做密集復健，父親的病情持續惡化，這才讓他不再堅持。

住院復健半個月沒見到父親，他的身體不好，否則每次假日他一定會到醫院來看我。這個週末，小妹開車載他到醫院去做檢查，順便到病房來看我，當他步入病房時，我發覺父親的步履蹣跚，臉也明顯地出現黑斑，表情極爲疲憊憂鬱，我知道這次的檢查結果，應該不會是好消息。

「醫生要爸爸洗腎，再不洗，腎臟就會完全失去功能，毒素排不出來會陷入昏迷，這樣就危險了。」

大家的心情都很凝重，整個病房中只有對面頸椎受傷的婦人，因爲喉嚨的痰無法咳出而發出咕嚕咕嚕的聲響。

媽媽和妹妹去樓下買晚餐，病房中只有我跟父親，父親虛弱地坐在病房門邊，身體半倚在牆上，昏暗的燈光下，他顯得更加憔悴，這個昔日在商場上英姿煥發的父親，怎麼突然老得那麼快，我有股想哭的衝動，想衝上前去抱住他。

「爸—」我輕喊了他一聲，他才慢慢地轉過頭來。

「你還是聽醫生的話洗腎吧，再拖下去對身體也沒好處，你不是常對我說要面對現實嗎？還說很多人比我的情況更糟，要懂得惜福，我都記得，那你也是要加油啊，洗腎至少讓身體狀況可以保持比較好。」

父親沉默地聽我說了這些話，只是用搖頭嘆息來回應我。我清楚父親現在的心情，恐懼又無奈的心情，就像我發現雙腳癱瘓時，眼前一片黑暗，什麼話也說不出來。

「你不是說，無論有沒有恢復，保持最佳狀況，等醫療更發達，一定會有醫生可以救我，那我們一起努力嘛。」

平時在家，我與父親極少對話，除非有什麼事情要交代，否則很少有促膝長談的機會，我與父親間有種說不出的距離感，總無法像與母親一樣地親暱談心。

但是我與父親有著一樣倔強的個性，習慣將煩惱藏在心裡，生氣的時候喜歡臭著一張臉，什麼話也不說，心裡雖然關心著家人，表現出來的態度卻是滿不在乎。

記得學生時候，我在大學保送甄試報名的最後一天，居然忘記帶擺在書桌上的大頭照，焦急地打電話回家求救。

「上課要用的東西都忘記帶，那還讀什麼書！」父親總是生氣地說完這句話，就將我們的求救拒絕在電話的另一端。

父親最氣孩子上學忘記帶用具，所以眞忘記帶用品的時候，我們大多是認命地挨老師的打，要不就從學校的側門偷溜回家拿，想當然的，這次我的求救失敗，學校離家裡又有三十分鐘路程，我是不可能跟小學時期一樣，偷溜回家拿東西，想到這，心裡不由得開始咒罵著，還暗暗發誓再也不跟父親說話，一個上午就這樣臭著臉上課。

直到接近中午，老師到教室來找我，要我到校門口，父親拿東西來給我，我驚訝地再次確認我有沒有聽錯，然後飛奔下樓，隔著中庭往校門口看，父親戴著市公所送的鴨舌帽，瞇著眼睛站在烈日下，待我走近，他急忙地從胸前的口袋裡拿出我的大頭照。

「只要這大頭照就好了嗎？」我點點頭，看父親額頭上滴下的汗水，心裡那句謝謝卻哽在喉嚨發不出聲音來。

「好，那趕快拿去交吧。」父親揮揮手，示意要我快回教室去，我往教室方向走了幾步，忍不住回頭看，父親還站在校門看著我。

「啊……來得及嗎？」父親看我回頭，又問了一句。

「嗯，來得及啦，你快回去吧！」

然後我頭也沒回地跑向教室，直到樓梯轉角，心中湧起了一股歉意，我居然在涼快的教室中生氣埋怨，卻讓父親爲了我的迷糊，大熱天跑到學校。抓著照片的我，終於在樓梯間將忍在眼眶中的淚哭了出來。安靜的校園裡，迴盪著父親那古董偉士牌機車的引擎聲，直到聲音漸遠，我才擦乾淚跑回教室。這件事情我從未向誰提起過，但卻深深烙在我腦海中。想到這，再看看年邁的父親，心裡的感觸無限，嘴裡卻說不出安慰的話。

❖

病房中充滿著飯菜香，大家吃完飯之後，爆妹起身要開車載父親回家拿衣服，準備隔天住院治療。

爆妹攙扶起父親，我看著他蹣跚地走出病房，心裡想起朱自清的作品「背影」，在剎那間，我似乎可以感受到朱自清寫這篇文章時的心情，那種心疼、不捨、自責，百感交集的情緒。

「妳爸明天要住院，需要有人照顧，大家都在上班，還是妳先辦出院？我去照顧妳爸？」面對這突來的狀況，我對母親感到十分愧疚，現在，照顧家裡兩個病人的重擔，都必須由母親一肩挑起。

「妳去照顧爸爸吧，我一個人在這邊沒問題，這裡的護士很照顧我，而且我現在的狀況有進步啊，很多事情都可以自己來了，我也可以趁這機會練習自己一個人的生活方式。要吃飯我可以請護士幫我訂便當，洗澡可以請護士幫我拿便盆椅……」

爲了說服母親，也爲了讓她放心去照顧父親，我不斷舉例給她聽。我在心中下了個決定，要好好照顧自己，要做到讓父母不用擔心我一個人。

過去，父親在烈日下趕來解除我的困難，現在，即使我在灰暗中，也要勇敢地打起精神去面對一切。

❖

一個人生活，其實不容易。

母親在離開病房前，還是很不安地千交代萬叮嚀，有什麼事情，一定要請護士幫忙，如果眞的沒辦法，就請個看護來。

開什麼玩笑！看護一天要一千二百元呢，現在我的工作不穩定，再加上父親住院也需要開銷，我怎麼可以再繼續增加負擔呢。我揮了揮手，示意要母親安心去照顧父親，並拍拍胸脯的保證這期間一定會平安無事。

母親在早上離開病房，我像是個探險家，開始了一天新奇又期待的生活。梳洗完畢後，我自己推著輪椅到復健室報到，進行復健療程，截至中午爲止，一切都非常順利，直到拖著疲憊的身軀回到病房，電視裡的午間新聞提醒著我的肚子，該吃中飯啦！

「秀芷，要訂便當嗎？」

護士小姐知道我的狀況，早在交班的時候，就將我的三餐交代給下一位照顧我的護士，至少在吃的方面，我不需要去擔心。

「要！我要三寶飯！」

看著菜單，我餓得好像可以吃掉菜單裡的各式便當，但是沒多久，我遇到探險旅途中的第一件妙事。

❖

「秀芷，便當來了，七十元。」

護士將香噴噴的便當拿到我桌上，順便要收便當的錢，或許是因爲飢餓而讓腦子運轉得特別慢，我到現在才想到——錢呢？母親離開的時候，忘記給我吃飯錢啦！

「妳媽媽離開的時候，千交代萬交代，就是忘記給妳重要的吃飯錢喔！」

護士小姐狂笑著，而我在一旁尷尬地陪著笑，還好住院一段時間了，已經跟護士混熟，護士也都很照顧我，要不然，我大概會被當作一個白吃白喝的傢伙吧。

飯後我趕緊撥了通電話向媽媽求救，只聽到電話那頭傳來一陣狂笑。

「哈哈哈哈……我居然忘記了，妳也眞是，也不會提醒我呀？好啦，晚上叫妳大姊送錢去！」

生病後，買東西極爲不方便，大多時候都是家人幫忙我去買便當，對於鈔票，我突然變得很陌生，甚至常將五百當成一百看，更別說我會記得便當錢這回事了。

下午所安排的檢查，是我再熟悉不過的核磁共振，自從生病之後，跑遍了各大醫院求診，總是會來一下這項檢查。檢查時，全身會被推進一個像太空艙的半圓形物體裡，接著就開始等候機器傳來的噠噠聲響，動也不能動地躺在裡面，有時候會覺得自己就要抓狂。

一件單薄的手術服，實在難以抵擋冷氣的冰冷，我不停地發抖，搞不清楚是因爲緊張，還是怕冷。核磁共振的機器聲音在我耳邊嗡嗡作響，終於到了打顯影劑的時間，機器的聲響停了下來，等了許久，都不見有人進來打針，難道技術進步到不需要打顯影劑了嗎？當我正開始欣喜若狂的時候，一位美麗的小姐端了一個盤子進來。

「來！打顯影劑囉！」

「喔，白高興一場了！」

捲起袖子，橡皮繩在我的手上纏繞著，天生血管細的我，讓檢驗師找血管找了許久，爲了怕檢驗師無法一針就中，會白白多挨幾針，我主動加入尋找血管的行列。

「通常這邊會比較好打！」久病成良醫，經過了很多次的抽血失敗經驗，我早已統計出身上最好打針抽血的地方。

血管找到了，檢驗師用針筒慢慢地抽出顯影劑，冰涼的酒精擦拭之後，就是一陣刺痛。

「小姐，不錯喔，妳已經知道自己哪裡最好打針，這裡的血管眞的比較好打！」

檢驗師成功地將顯影劑推入我的血管後，核磁共振的嗡嗡響聲，又再度在太空艙中迴繞著。

咦，這次打針，居然沒有我想像中的痛！是檢驗師的技術好？還是我自我催眠？

在進入檢查室之後，我就開始對自己做心理輔導，我不停告訴自己，時間不停地走著，檢驗、打針不過就是時空中的一小段，終究會過去的，熬過去就好了，只要我熬過這一段時間，等復原之後，這些辛苦的過程，也只是回憶中的一小部分吧！我這樣相信著，也這樣熬過一次又一次的檢驗。

❖

其實在母親離開病房後，一切都不如我想像中的容易，瞬間，所有事情似乎都變慢了，因為沒有母親的幫忙，每個動作就變得如此費時間與費體力，第一次學習自己照料生活，這過程中頻頻出狀況。

晚上的沐浴時間，我看著便盆椅直發呆，反覆在腦子裡預練著洗澡的流程。首先，要先移位到洗澡專用的椅子上，由於雙腿沒力氣，這對我來說也算是花體力的運動：雙手用力撐起身子，利用身體擺盪的力氣加上臂力進行移位，過程中注意身體的平衡及重心的位置，才不至於讓自己往前摔出去。屏著呼吸，身體呈預備動作，腦子裡想著復健時學來的技巧。

「預備，GO！」趁著勇氣出現時，奮力一搏，等我回過神，已經移位成功了！

「噹噹！」我像個體操選手，在翻滾跳躍的完美表演後，張開手臂代表動作完成，心裡竊笑著這一切怎麼如此容易，然後發現——衣服忘記拿，得要重來一次。

❖

洗澡這舒服的事情，在我生病之後就變成了一件苦差事，想起剛回到家那時候，腰部完全沒力氣，癱在椅子上的我，想要洗個頭都還得用手抓緊把手，穩住身子，用另一隻手洗；要洗這無力的雙腿，也得用手臂慢慢地將腿抬起。

而眞正的挑戰，是在洗完之後的穿褲子動作，將腳放入褲管中需要點力氣，將褲子拉起，就更需要點技巧啦！

我待在被熱氣包圍的病房浴室中，實驗了許多剛剛在洗澡前想的方法，最後終於成功地運用神奇的大拇指，完成了穿褲子這項浩大的工程。我先用拇指鉤住一邊褲頭，再用手臂將身體撐起稍稍往前，褲子就這樣往身體方向套入，重複幾次之後，就可以順利穿上褲子。但或許是第一次實驗這種穿法，有許多回我都因爲往前的力氣太大，差點摔出洗澡用的便盆椅。

完成了洗澡這浩大工程，就像是完成復健課程一般，我又已經滿身大汗，等我開了浴室門，發現一堆人正用擔憂的眼神看向我。

「妳怎麼洗那麼久？」住我對面床的奶奶擔心地問我。

「怎麼敲門都沒人回應？」病友們全都跑來我病房。

「啊！有人敲門喔？我沒聽到。」

「出來囉？」護士從門口衝了進來，手裡抓著一大把鑰匙，顯然是想破門而入。

「我—我只是洗個澡而已。」

我被這場景給嚇呆了，想不到洗個澡出來，外頭已經是警匪槍戰片的現場，大家都交頭接耳地對著我指指點點，而我的頭髮還滴著水。

「呃，怎麼這麼多人？」門外，大姊正提著我點的麻辣鴨血，笑嘻嘻地走進來。

「沒事就好，下次進浴室記得不要鎖門，不然發生什麼事情，我會來不及救妳喔！」

護士小姐鬆了口氣地走出病房，原本擠滿人潮的病房這才散去。

「幹嘛啊？妳在浴室摔倒囉？」我那傻大姊，這才恍然大悟般地開始擔心起來。

「沒啦，幫我拿一下吹風機！」眞是的，自己洗澡的成就感都被他們給破壞了。

❖

「哈哈哈……」

病友將剛剛的事情繪聲繪影地講給大姊聽，大姊的狂笑聲不曾停過，吹風機的嗡嗡聲響似乎也變成嘲笑聲。

「笑夠了沒啊？」我呼嚕地吃著麻辣鴨血，也問問父親在醫院的狀況。

「還不錯，今天開刀將洗腎的管子插到脖子上。」

「我的意思是，爸爸的心情還好嗎？」總是無法忘記父親出病房前那落寞的眼神。

「很好啊，他還會跟我們開玩笑，抓著那條從脖子延伸出來的管子，問我他像不像潛水員，眞是耍寶！」

姊姊學爸爸做出模仿潛水的樣子，差點讓我的麻辣鴨血噴了出來，大姊笑著說我們不愧是父女，住院還耍寶。

「我哪有耍寶，我只是洗澡啊！」

「不管，明天我要將今天的事情跟爸媽說，笑死我了。」

插在脖子的管子，一定非常痛吧？突然覺得自己挑戰洗澡的行爲，只是自以爲是的成就感，父親在另一頭，正忍受著我無法想像的痛苦，他的苦中作樂，才是我該學習的。充滿探險的一天終於結束，雖然不甚完美，但至少我跨出了第一步。

學習獨立的探險旅程，回到家後還是持續著，而在這過程中，最常遇到的狀況，就是「摔倒」。嬰兒想學習走路，常會因爲骨骼尚未強壯而摔倒；馬戲團裡驚險的空中飛人，也是經過無數次摔下安全網的挫折後，才有舞臺上成功精彩的演出。摔倒，似乎是成功前的必經路程。

❖

想起某次的復健療程，汗水不停的濕透衣襟，一旁聽見復健治療師與媽媽的交談。「我女兒最近有比較進步吧？」媽媽總愛在一旁詢問復健師我的狀況。「有啊！妳看她進步很多，教她的復健療程，她很快就達到了，跟她剛入院的時候比起來，差很多了！」媽媽聽治療師這樣說，滿意地在一旁繼續看我復健。「其實，秀芷的狀況並沒有比其他的病人好，她的情況還算是嚴重的，但是秀芷很肯做，膽量夠大，不怕摔！所以進步很快。」復健師接著又說了這一番話。

剛入院時，復健師第一次看我拄拐杖走路，就著實地嚇了一大跳。只靠著兩根拐杖的支撐，勉強挺著無力的腰，歪斜的步伐，看在復健師的眼裡，總感覺我隨時都可能失去平衡摔出去，但是對我來說，這樣的姿勢，卻是我感覺最穩定的姿勢，我隨時小心自己的步伐，不讓自己摔了出去。

然而，能夠像這樣拄著拐杖走路，甚至獨自處理生活作息，都是經過無數次大家所害怕的「摔」，才有今天這番成就。

記得在某個的夜裡，我對於自己能夠生活自理充滿了自信，於是刻意挑選家人都入睡的深夜，準備要大顯身手，自己到浴室中去洗澡。

從輪椅移位到便盆椅，對我來說已經是輕鬆的動作，在我轉位成功的同時，心裡還沾沾自喜。在浴室中，蓮蓬頭讓我可以輕鬆地洗頭洗澡，嘩啦嘩啦的流水聲，映著我心裡那歡喜的歌聲，如果媽媽知道我這樣厲害，一定也會很高興吧？我得意得嘴角微微上揚，輕鬆愉快地套上衣服，但是，就在我拉起褲子的時候，慘案發生了。

在椅子上穿褲子，一直是我覺得最困難的事情，我必須以大拇指鉤住褲頭的方式來完成，只是這樣的動作，不但力道要抓準，更要注意拉起的角度不可過大，過大的擺動，一不小心就會讓自己摔下椅子。

「哇！」就在褲子拉起的一剎那，因爲用力過猛，就這樣滑下了椅子。

慘了！突然間，得意洋洋的驕傲感全消失了，留下一臉錯愕。這下該怎麼辦？

「不行！如果現在叫媽媽來幫忙，那之前的努力不就白費了！」

倔強的個性，在這時候又出現了，於是，我開始掙扎著讓自己爬上便盆椅子。

「就差那麼一點點！加油。」

汗水順著臉龐滑下，眼看就快要讓我爬上便盆椅，但是怎麼地，還是差那一點點，就這麼一點點，我就可以回到便盆椅上，繼續得意洋洋。

隨著時間的流逝，力氣也漸漸消耗殆盡，原本的差一點點，慢慢變很大點，最後，我終於投降，決定求救於媽媽。

「媽！」經過幾番掙扎，我喊了第一聲。

球球迅速跑過來，歪著頭眨著無邪的眼神，以為坐在地板上的我，是打算陪牠玩玩，牠不斷搖著尾巴在我身邊繞圈子。

「媽！」在我打發走球球後，用更大的音量叫了第二聲，此時的球球也隨著我的叫聲狂吠了起來。

「齁—齁—」突然，隔壁爸媽的房間裡傳來打呼的聲音，大家都熟睡了。

我在心裡告訴自己，再叫最後一聲，如果沒人出來，就匍匐前進去敲門求救吧！

「媽！」我敢發誓，這次我是眞的吼得很用力，幾乎是用盡了全身的力氣。

在球球停止叫喊後，房子裡又恢復一片沉寂，客廳時鐘的微弱滴答聲響，是唯一的背景音樂。

「好吧！眞的要使出大絕招了！」

我移動身子，讓自己趴在地板上，伸出右手，準備跨出我人生中的第一個匍匐前進，就在此時，對面的門卻突然開了。

「姊！妳趴在地上幹嘛？」妹妹突然開門，抓著凌亂的頭髮，睡眼惺忪地看著我。

「死囝仔，也不早點出來！我準備匍匐前進去敲門求救啦！」

妹妹突然清醒似地，瞪大著眼指著我，對我這滑稽的動作就是一陣批評與取笑，我只有等她笑完，幫忙我上那只差一點點的便盆椅。

在這之後，我知道怎樣的力道與角度才不會讓自己摔下，而在復健師的傳授下，也知道該用什麼樣的技巧，爬上那只差一點點的便盆椅。

「摔」我不怕，只覺得，如果什麼都需要靠人幫忙，當挫折來時，毫無準備的自己，一定會摔得無法爬起。

❖

另一方面，我也努力接外稿，把握每一分每一秒，除了吃飯及上廁所時間，我幾乎都在書桌前工作，在兩個月的時間中，將向弟弟借的電腦歸還，賺錢買了屬於自己的第一部電腦。除此之外，我努力練習著我那笨拙的移位動作，學著自己上下床，自己到廚房煮菜。爲了不再讓媽媽費力地幫助我上下車，我到悶熱的地下室，揮汗努力，不斷反覆練習著從輪椅上下車的技巧，爲的就是希望自己可以獨立生活，不讓家人擔心。

當挫折出現我眼前，我總會先在心裡假設：「如果現在只剩下我一個人在家，怎麼辦？」然後，我開始想各式辦法解決眼前的困境。例如，掉到桌下的白紙，我用三十公分的美工用尺，慢慢地將它撈到輪椅邊，再彎下腰撿起；又如，按不到按鈕的電鈴，我會準備棍子代替我的手指。生活中的智慧，總是在困境下產生。

❖

經過無數次的失敗與挫折，我練習出一套屬於自己的生活方式跟技巧，有時候甚至傳授祕訣給其他病友，也吸取病友的經驗，分享彼此心得。而家人在驗收成果後，漸漸也開始對我放心，媽媽不再因爲擔心我自己在家，每次去買菜都得跟拚命三郎一樣；爸媽也開始會在傍晚一起出門去買菜；而我偶爾也會自己跟朋友一起出門。

經過辛苦的磨練後，我重新擁有了自己的生活，也還給家人們各自的生活。

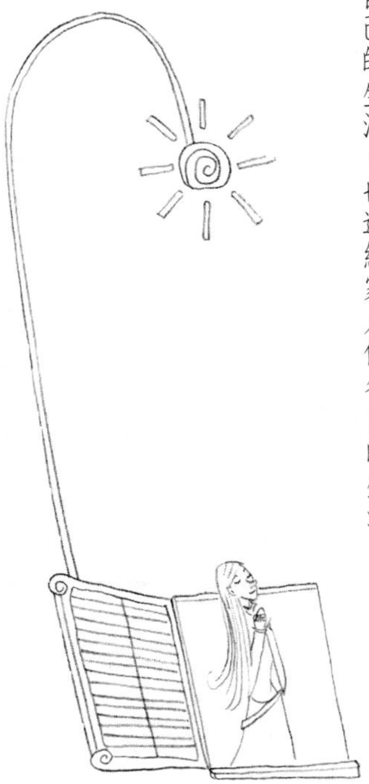

搬家

孟母三遷，是爲了給孩子一個好的環境；父母親搬家，卻是爲了給我自由，也給我安心無慮的生活。我何等幸運擁有這麼爲我著想的雙親，以及貼心的手足們。

❖

小時候常聽母親談論起搬家的經驗：父親一個人拎著皮箱來到台北奮鬥，直到工作較爲穩定，才將母親接到台北來，過著租房子的日子。只是租房子的生活並不安寧，常因爲房東的怪癖，使爸媽不得不搬家。有時早出晚歸開門的聲音吵到房東，有時因爲半夜孩子的哭聲，使得神經衰弱的房東大爲光火，要求我們搬離。

據母親形容，搬家的次數與理由多到無法計算，怪到無法理解，只覺得對於搬家有種恐懼感，甚至在搬家後還遲遲不敢將行李拿出整理，就爲了隨時搬家的方便。

父親與母親爲了給我們一個穩定的環境，省吃儉用，存錢買了屬於自己的房子，終於停止了游牧般的生活，只是沒想到……

「這樣也不是辦法，上下樓梯不方便，每次出門都要等人家背，感覺好像把她關在家裡一樣。」

在擁有自己房子後的二十七年，父母親因爲我，再度面臨了搬家的命運，他們開始在附近找尋有電梯、經濟負擔得起的房子，也計算著貸款與原本生活費如何支配。

房子是預售屋，離原本的住處有段距離，至於其他的，我不清楚，也不想瞭解，雖然現在這房子對我來說，是那麼不方便，但是突然要我離開這居住了二十多年的房子，內心有許多的不安與恐懼，甚至對於家人這樣的安排，有著很深的歉意。

❖

「這間房子地點還不錯，算是一個新社區，旁邊有許多新房子也正在蓋。」

「但是那邊交通不方便，沒有捷運，又很少公車，我上班不方便啦！」

「對啊！騎摩托車也要繞一段路，挺遠的！」

晚上的家庭會議，大家對於新房子提出討論，我則靜靜在一旁，沉默地沒有發出任何意見，因爲這次搬家，對家人來說非常地不公平，爲了我一個人，讓全家人的生活習慣都要跟著改變。

姊弟妹們似乎對新房子不是很滿意，爸媽不斷說服著他們，大家才開始漸漸對於這新房子有了點期待。

❖

看著這咖啡色的家，斑剝的油漆，牆邊被球球磨牙啃到掉漆的木椅，神桌上被煙燻到發黑的天花板，這個遮風避雨的城堡，變得如此蒼老，我從來也沒想到過，有一天我會因爲癱瘓而必須離開它。

「好啦！我要去對面買菜了，不然晚餐不用吃了！」

母親在家庭會議後，起身拿著鑰匙往門外走，家的對面就是個小市場，也是媽媽處理完家務後的去處，對於母親來說，那不單是個市場，那裡有她認識多年的鄰居朋友，母親喜歡在買菜的時候跟大家一起聊天，甚至在煩惱憂傷的時候，也可以從那邊得到很多的鼓勵與安慰。大家喜歡稱母親爲市長，「菜市場」的市長，母親在市場裡面是活躍的，那是屬於母親的休閒場所。

那麼，搬離這裡，母親的快樂會不會因此被剝奪了？在新房子周邊，是不是也會遇到這樣一群互相關心照料的好鄰居？母親沒有爲自己想到這點，一心只爲我方便上下樓而設想。

曾經有好幾次，聽見爸媽在客廳的對話。

「你總要給秀芷一個地方住，不然以後誰照顧她？弟弟很乖，會負責照顧她，但是如果弟弟娶老婆了，他老婆會不會也願意照顧她？還是會將她趕出家門。至少你給秀芷個房子，就沒有人有權力趕她出去。」未來的一切都是未知數，媽媽只是想先將她能想到的最壞情況給排除掉，她常說她無法陪著我一輩子，所以她會將她所想到的，爲我先安頓好。

其實，弟妹們對我的將來，在各自心裡也都有所打算，曾經在一個夜裡，我悲傷得停不住眼淚，姊妹們也不知道該怎麼安慰我，只有陪在一旁陪著掉眼淚。

「妳在擔心什麼？以後我們會照顧妳啊，要娶我的人必須先能接受這一點。」妹妹安慰著我，一旁的姊姊也一起提出保證，只是，我清楚知道我不可能去打擾她們的生活，而另一方面，我也很不忍心因爲我，要大家都得配合跟著搬離這居住了二十幾年的房子，但是我無力改變這一切，所以我急得哭了起來。

弟弟以及其他姊妹，對於新房子登記在我的名下，都沒有任何意見，並且還深感同意，在這一次的家庭會議中，大家都達成共識，只有我是滿滿的歉意。

傍晚的飯菜香依舊準時從廚房傳出來，父親在飯前看著晚間新聞，這次買新房子，也是父親第一次向銀行貸款。父親一直有著自己的堅持，無論做生意或買東西，都不向別人借錢，只做能力範圍內可以達成的事情，而爲了我的狀況，他拿著辛苦打拚來的舊房子，去換了一個有電梯的新居給我。看著父親隨著電視裡的劇情，時而開心、時而憤慨的表情，我卻察覺不出他對於打破自己的堅持，有任何的反應。

日子終究要過下去，煩惱解決不了問題，我搖搖頭，暫時放下不去想，反正事情總會有最好的安排，或許未來並不是我想像中，那樣的糟糕。

❖

距離搬家的時間愈接近，心情愈是五味雜陳，總覺得有什麼事情即將發生，似乎是要改變了什麼，我不停地思索與探討，心中這樣不安的感覺到底是爲什麼。

直到搬家前一天晚上，躺在床上的我，看著身邊的行李，看著熟悉的環境，我突然感到驚慌。

最近家人忙著看家俱，舊家的家俱因爲老舊，大多需要淘汰，而因爲空間的關係，有些老舊的照片與物品，都必須放棄。就像是將所有的回憶都留在這，帶著心，離開回憶，離開舊有的一切記憶，到新的地方重新開始。我的心裡有不捨與失落，還有更多無奈，但另一方面，卻又興奮與期待著關於未來的新生活，兩種心情在腦子中矛盾著。

無論我怎麼想，搬家的日子還是來了，一下午，家人忙進忙出將行李搬離這居住了二十七年的房子，離開前，我環顧四周，再看了這老城堡一遍，球球跟著我，繞著圈子不停催促我，直到我將大門關上，也關上了二十七年的記憶，轉身，重新出發。

❖

新房子的地下停車場十分寬敞，我推著輪椅往電梯方向去，球球卻不肯下車，對於這陌生的環境，我跟牠都有點緊張。房子在建築的期間，就跟建商溝通好，所以在硬體設備上，家中是個無障礙空間，廚房沒有了門檻，我可以隨意進出拿茶水；廁所改成拉門，就連門檻也都是師父要我實地測試，一點一點修改到我方便進出。

一樓大門是唯一的障礙，因爲怕淹水，一般的大樓習慣將一樓走廊加高，但這樣的高度令我無法自己推輪椅行走，所以每次出門，還是需要有家人陪伴才得以自由走動，於是我請媽媽去跟建商溝通，媽媽開玩笑地對建商說：「如果一樓沒有無障礙空間，我女兒說她要綁白布條抗議囉！」貼心的建商聽到了，頻頻道歉說是他沒想到這一點，於是隔天，大門有了一個小斜坡，雖然坡度並不符合輪椅行走，但至少我的進出方便多了。其實，許多人並不知道殘障者的不便，有時候主動的要求，才能讓更多人瞭解並且改善。

看著房間窗外，那遠山的藍灰色夜景，從現在開始，我就要過著全新的生活，放下以往那個憂鬱、痛苦、自我放棄的秀芷，重新走我眼前的路。我離開了灰色的世界，轉身開窗，走進蔚藍的世界，相信這個轉變，將會是全新的旅程。

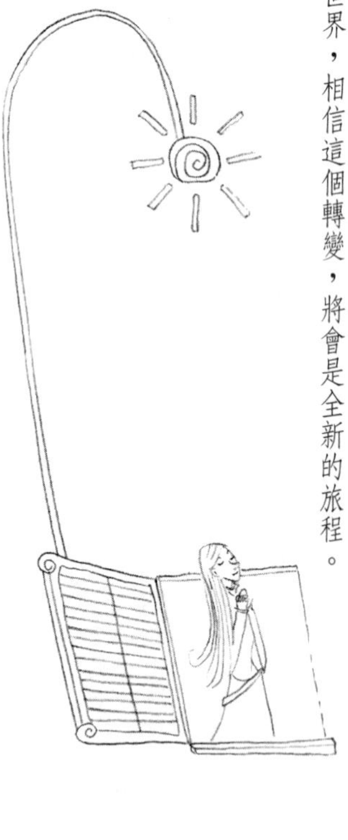

我的腿動了

「什麼！你說什麼！不—不要—我不要他死！」

電視裡傳來淒厲的呼喊聲，女主角在聽到醫生宣判男主角的病情噩耗時，大吼了幾聲之後就昏了過去。

嘴裡嚼著香Q的焢肉，眼睛盯著電視沒離開過，腦子對這悲慘的劇情卻無動於衷。

「妳快點啊！夜間門診時間要到了。」在媽媽的催促聲下，我急忙扒完最後兩口飯，穿上厚重的紅色外套。

❖

很久一段時間不曾再到醫院去，這次是因爲在電視新聞裡，看到一位神經外科醫師所研究的「神經再生術」，我心裡又燃起了一絲希望。但掛號並不順利，有太多和我一樣，循著黑暗中的光亮往前進的人，懷著期待的心情前往。

「排到了，夜間門診第九號！」

爆妹在日間門診已滿的狀況下，利用下班的時間幫我到醫院去掛號，運氣不錯，她幫我排到九號，我不需要等太久。

❖

「叮咚！」熟悉的門診提醒鈴聲，熟悉的消毒水味道。

到達門診處後，著實被眼前的景象嚇到，我只能用「滿坑滿谷」的人來形容，門診室前擠滿前來看診的人群，我想，即使輪到看診，擠進去時也已經過了自己的看診號碼。

媽媽推著我往前進，一旁盡是同樣坐著輪椅的人，每個人的眼神就像是看到夥伴一般。我是極度不安的，整個臉色跟身上的紅色外套一樣。

「醫生，可不可以先幫我看？我是從花蓮來的，太晚回去會沒車坐。」

門口被等待看診的家屬擋住，大家都急著要看診，苦苦哀求的聲音讓跟診的護士很為難，怕答應了這個，會影響到另一個。

「叮咚！」鈴聲催促八號患者進入門診室，我則往前擠了點，但被一旁眼尖的家屬瞧見手上的號碼牌。

「小姐！可不可以跟妳換一下？我是從花蓮來的，可不可以先讓我看？」

我楞在一旁，看著他手上一百多號的單子，雖同情，卻擔心等太久讓膀胱爆破，就這樣的，陷入一陣推託中。

「九號請先進來等！」好險護士小姐解救了身陷爲難中的我。

❖

眼前，就是電視裡看到的那位傳奇人物，坐在電腦前專注地詢問病人，鍵盤喀啦喀啦的敲打聲，快得就如同我的心跳。

「妳是什麼狀況？」

這是我與鄭醫師的第一次交談，我將病情重新敘述了一遍，只見鄭醫師皺眉聆聽，一邊拿著我的核磁造影片對著燈光，陷入一片沉靜。

「我們是看電視的報導來的。」媽媽在一旁急著想說明來意。

鄭醫師依然盯著我的片子看，然後搖頭。

只是這樣一個搖頭動作，就讓我的心跳加速，不好的預感一直在我腦裡出現。

「傷得這麼長，時間也久了，有一條神經已經在萎縮了。」鄭醫師依然搖頭地說。

臉部瞬間失了溫度，眼前黑暗一片，我幾乎是強忍著淚水，假裝鎮定地繼續聽完醫師診斷，只是眼前的鄭醫師不斷張合著嘴，我卻聽不到他說話的聲音，耳裡盡是嗡嗡的聲響。

「沒有辦法了嗎？」

「嗯，我們試試看吧，先回去等通知，我會安排一些治療前的檢查。」

這個晚上，天空飄著毛毛細雨，出到醫院門口，冰冷的雨滴打在我臉上，融化在冰冷的心情裡。

「為什麼要這樣對我？連個機會也不肯給我！」

我狠狠瞪著那佈滿雨絲的夜空，在心裡吶喊著那誰也聽不見的怒吼，車上安靜得誰也沒敢開口，只有收音機傳來的歌聲，勉強安慰著幾近昏厥的我。

❖

經過了檢查，我被安排住院，開始一連串的療程。

鄭醫師率領一行護理人員浩浩蕩蕩地走進病房，蜷曲在床上的我早已經緊張得微微顫抖，從護理人員為我做好脊髓液分析檢查的預備動作後，就進入我最害怕的等待時期。

「哇！妳的腰這麼細呀？」這是鄭醫師開口對我說的第一句話，也因爲這句話，讓我減輕了不少緊張的心情。

「我記得妳是模特兒對吧？我現在要幫妳打麻醉，放輕鬆。」鄭醫師親切地不停和我說話，或許是看到我的緊張，要幫我轉移注意力吧！只是我卻還是依然抖個不停，直到整個打針過程結束。

「她的腰這麼細，應該不好買褲子吧？我也不好買褲子，因爲我太高了，要買美國尺寸的褲子。」一旁的護理人員收拾著醫療器具，一邊跟鄭醫師愉快地討論著關於腰圍和褲子的事情，我望了一眼被打開的門簾，許多病友擠在門口不停往裡探。

治療在病房裡是一件很重大的事情，所有的病友都會前來關心，甚至也有慕名來看鄭醫師的人，鄭醫師就像個明星一般，走到哪裡都充滿著光環。

「多喝水，還有試著冥想，試著用力讓腳移動，我們一起加油。」鄭醫師叮嚀了幾句，帶著一群護理人員浩浩蕩蕩地離開我的病房，一切就像是夢境一樣，有如一群天使來到我身邊，給了我一瓶希望之水，如果我想讓希望之水起作用，還必需要加入自己的決心與堅強的意志。

鄭醫師前腳才離開病房，門外所有的病友都進了來，七嘴八舌地分享個人治療經驗。治療後需平躺六小時，也還好有大家的陪伴，才不至於太過無聊，只是六小時還沒到，我開始感到頭部陣陣痛感。

「喔！有些人的體質就會有這樣的反應，還有的人會吐呢。」病友才剛說完，我就吐了一地。

接下來，我只記得頭部的疼痛讓我想砍掉它，喝進去的水，沒多久就會被我吐出來，我一直不斷地重複喝水、吐水的動作，直到我的復健醫師莊醫師走進來。

「妳的反應那麼嚴重啊，喝不下水，那打點滴好了。」莊醫師交代了護士，於是我開始打上點滴，但頭痛卻沒有因此減輕。

冷汗從每個毛細孔爭先恐後地冒出，順著臉龐滑下的，除了汗水，就只有淚。

夜裡，我停止了嘔吐，但頭痛還是一波波地從不同的角度來襲，我翻了身，背向媽媽，一手抓著床欄杆，咬緊了牙不停地抖著身軀，漫漫長夜裡，痛楚似乎讓時間走得更慢，我現在最迫切希望的是時間趕快過去。

閉上眼，催促著自己用沉睡來逃脫疼痛，腦中卻出現了許多回憶，如同跑馬燈一樣，不停地閃過眼前——把自己囚禁於房裡，每晚偷偷痛哭的我；曾經想放棄復健，放棄自己的那段日子；擔心害怕人們眼神，無法接觸人群的心情……一切的回憶都湧入腦海，提醒著自己要更堅強地往前看，不可以走回頭路，只要熬過去，總會遇到好運氣。我就這麼與自己對話，為自己加油打氣，並在吞了一顆止痛藥後，頭痛暫時抒解了，腦袋也變得更加清晰。感謝發明止痛藥的人，這對一個頭痛到快抓狂的人來說，就像寒冬裡的暖爐一樣，令人感到溫暖。

「試著冥想，試著用力讓腳移動，我們一起加油。」腦子的思緒終於轉到剛剛鄭醫師告訴我的話。

我因為這句話而深深感動著，這幾年尋訪了各地名醫，醫生們除了對我搖頭，就只有對我坐在輪椅上的狀況，下了個無期徒刑，我極度徬徨無助，像是在大海中找不到任何一塊浮木，載浮載沉的我，在今天遇到了一位肯陪著我一起努力的醫師，遇到了一位能陪著我找希望，而不是下裁判的醫師，我相信，在這往後的路，會漸漸展露曙光。

天使們為我帶來了希望之水，而我必須用我的意志力讓希望之水發揮功效，首先，我必需要學會堅強與勇敢，我會堅強與勇敢的，我會的。

❖

檢查過後，馬上進入第二階段療程，「復健」。復健療程，是一場體力與耐力的考驗，隨時都可能有人想放棄並且退出，因爲這枯燥又無成就感的過程，要堅持下去，需要強大的意志力。

汗水不斷冒出來，順著臉龐，形成一條無止盡的流水，我不停地告訴自己，撐下去，再撐一下就好了，就這樣，時間在我的急促的呼吸聲中，不知不覺地過去。

莊天佑醫師安排我做懸吊系統的復健，並且定期到陽明大學做步態分析。光是這項實驗，就必須動員許多人，而我更深深地感謝莊醫師的安排，因爲我在這階段，挑戰了自己的極限，更感受到友情的溫暖。

懸吊系統的龐大機器漸漸靠近我，躺在治療床上，就像是郵件包裹，任由復健師在我身上綑著、扣著，如果沒有綁好身上的固定架，等我慢慢升上懸吊系統時，就會像漏餡的粽子一樣滑了下來。

身上的架子扣上機器後，機器緩緩地升了上來，一旁的人都像在參加升旗典禮一樣，眼光隨著我慢慢往上升，既安靜又專注。

「哇！妳這麼高啊，機器已經升到最高了，妳的腳還是差點就碰到地面！」看著自己依賴機器而伸直的雙腿，我卻是一點感覺都沒有，我感受不到站立的感覺，卻可以感覺到身上那些架子給我的不適，復健小老師們開始推動著機器，我像是個女鬼一樣，一路不著地地飄到跑步機上。

接著，小老師們捲起了袖子暖身，因爲接下來的工作，是個非常花費體力的復健方式，他們必須分別抓住我的腳，幫助我隨著跑步機的轉動做走路的動作，尤其在膝蓋打直的時候，因爲腳部承受身體所有的重量，更是讓小老師們氣喘吁吁，而我呢，則是用心感受著每個動作，用腦袋去想像這是我自己在走路並跟著出力氣，希望藉由這樣的方式，能夠幫助腦部的傳導，誘發出腿部的動作。

十分鐘一趟，換手，三十分鐘的療程一到，復健小老師們全都癱在地上，而我也是冥想到頭痛！我愧疚地看著大家，我想，這樣下去也不是辦法，必須要找更多人來幫忙才行。

之後，一位經由電子報認識的朋友「靜風」來幫忙了，厲害的是他一個人可以幫我做完整整三十分鐘療程，後來我在電子報上刊登這消息，又陸續有一群熱心的網友加入，LATTE、海修、軒毅等，大家都暫時放下手邊的工作前來幫忙。

這一天，我在復健室裡穿上架子，在門口突然看見「蕭笑」一拐一拐地向我走來，臉上帶著微笑，而我的表情，是驚訝的。

蕭笑是電子報的讀者，因爲車禍傷了一隻腿，曾經有好幾個夜晚，我們在讀者聊天室中對談，從不信任到彼此鼓勵，我們之間有著革命般的情誼。

「妳看！我走的比較好了吧？我聽了妳的建議，嘗試著復健！」蕭笑挽起了袖子，用極吃力的方式蹲下，開始聽復健師的教導。

「妳好！我是妳大姊的同事，我也來幫忙！我可能力氣不夠，但是我會盡力的。」另一位朋友加入。

還沒開始，身後又出現一位十八歲小女生，聽說我的復健缺人手，特地請假過來幫忙，而我則是感動到說不出話，只覺得當天的復健我特別起勁，就像他們透過雙手傳達給我一股動力般，我感到信心滿滿。

❖

驗收的日子終於到了，一早懷著緊張的心情，搭著車子到達陽明大學，我被帶到實驗室中穿上鐵鞋，好奇地看著裡面錯綜複雜的線路，以及實驗助理手上拿來的球狀物體。

「這是光球，等等會反應在電腦裡面，看到妳走路的姿態！」助理解釋完後，開始在我身上貼黏著所謂的光球，從頭頂到腳盤都徹底扎實地分佈著，身上背了如龜殼般的黑色盒子，再加上一條條通往屋頂的肌電圖儀器。由於光球定位後，如果被移動到就必須重來，所以我站著讓大家爲我戴上裝備，光這些配備就讓我站得雙手發抖，甚至看起來像是個科學怪人。

準備妥當，我不停地在實驗室裡來回走動，鐵鞋加上背後的機器，讓我汗流浹背，但我不停安慰自己，再過幾個姿勢就可以坐下了，這麼一撐就是三個小時。

「好了，最後一項！」聽到這美妙的聲音，有如在狂熱的太陽下跳入冰桶般痛快，連休息都婉拒，我就急著做下一項實驗。

拄著拐杖，我一步一步地往前進，汗水滴下衣襟，不知道是因爲身體已達到極限負荷量，還是精神疲憊到了頂點，突然，我在心裡唱起那高中時期比賽的軍歌，嘹亮的歌聲和澎湃的情緒，振奮著精神……

「哇！媽媽妳快來看！」研究助理突然叫了一聲，媽媽快步跑向電腦邊。

「妳看，看到了沒？有波動！」到底發生了什麼事，爲什麼大家表情充滿驚訝。

媽媽看了電腦，也驚訝地看著我，而我此時卻是疲憊又疑惑。

「妳看到了嗎？她的肌肉有在收縮，每跨出一步就有收縮，代表這是她自己在用力，不是不自主的反射喔！」

喔！我瞪大了眼睛，疲憊突然像拳擊賽裡的對手一樣，被我K出局了！每塊肌肉都有收縮，這是多麼棒的一個消息，撐了三個小時，不，這三年所有的一切努力，包括網友的幫忙，都在此時有了回報，一個令人振奮的回報。

❖

每天，從早上的八點開始，我就在復健部展開一整天的療程，除了中午休息時間外，一直到五點下班，我都耗在復健部中不斷地揮汗努力，而到了晚上，母親會幫我穿上鐵鞋，手拄拐杖，一步一步地在病房外練習著走路，榮民老伯伯們在這時候，總會在各自的病房門外爲我打氣加油，甚至在我累得撐不下去時，陪著我一起唱軍歌振奮精神。

當然，我並沒有忘記鄭宏志醫師的提醒，每天睡覺前，我坐在床上或是輪椅上，就開始展開冥想的療程，從腦子裡發號施令，希望我的腿往上抬起，雖然它們還是無所動靜，我還是堅持冥想到頭痛才肯睡覺。

曾經有一回，當我正在冥想的時候，隔壁床的老太太走向我來。

「小姐，妳有信教嗎？」

「沒有耶。」我對這突來的問題，直覺的反應是來傳教的。

「我這裡有本聖經，妳或許可以看看，心情會比較開朗些。」老太太用不捨的眼神看著我。

「啊？我看起來心情很糟嗎？」

「是啊，我看妳低著頭不說話，很憂傷的樣子，如果有什麼需要幫忙，我也很願意聽妳說心事。」老太太慈愛地拍拍我的肩膀。

「奶奶，妳弄錯了，我並沒有心情不好，而是在做冥想的功課啦！」我被這個誤會搞得哭笑不得，然而這樣的誤會卻還是常常發生，爲了避免這情況，我拉上簾子，在病床上冥想，也讓自己冥想到自然沉睡。

冥想其實是有作用的，就在治療過後第十二天，我與病友一邊聊天一邊試著移動這無力的雙腿。

「妳的腳動了！」病友突然指著我喊叫。

「想騙我，沒那麼容易。」平時跟病友打鬧習慣，以爲他又再上演放羊的孩子這老戲碼。

「眞的啦！不信的話，妳看妳的右腳！」病友認眞的神情，看來不像是玩笑。

我重新專注於右腳，用盡力氣地想抬起它，就在我即將要放棄的時候，右腳居然動了一下。

「看吧！我就說有動！」病友開心地指著我的右腳。

我楞在那，回頭看著母親說不出話，我的冥想終於起了作用，雖然腦子發號出的施令，並無法馬上傳達至腳部，不過我相信，只要繼續努力，這傳達緩慢的神經，總有接通的一天。所以，無論我在打電腦，或者在做其他事情，我總會分一點心，冥想著雙腿可以動起來，而漸漸的，我的肌肉開始恢復了深層知覺，我也慢慢感受到自己正坐在椅子上，也開始感覺到肌肉出力氣時的收縮，而原本不會出汗的雙腿，也恢復了正常出汗的狀態。

❖

然而，在復健過程中，常常經過一段時間後，如果不見自己的狀況有什麼新的突破時，擔心與徬徨的情緒就會困擾著我，深怕畫面就此定格，不再有任何進步了。在這時候，低落的情緒，總是快速侵蝕著之前所建立起來的信心，我會在痛快地發洩過後，再一點一滴地將信心撿回來，重新對自己做心理建設。

我在心裡反覆地與自己對話，提醒自己心裡要有一個堅持的目標，督促著自己快點恢復心情，繼續給自己機會試試看。我安慰自己，眼前的停頓，不過是在累積著日後大進步的能量，相信著自己的努力總會有所回報的。

每當復健治療師給我一項新療程，一開始總有著很深的挫折感，氣憤著自己怎麼無法達到治療師的要求，擔心著如果沒有達到要求，這項療程就會被收回，所以我常在心裡反覆地對自己做心理建設：「I can do it. 我一定可以辦到的！」就是這樣的想法，一種不認輸的決心，我想辦法突破重重困難，克服了許多對我身體狀況來說，高難度的復健療程，往前進步著，恢復著。而當挫折出現、身心疲憊的時候，我會躲在夜裡，躲在棉被中痛快地大哭一場，然後擦乾眼淚告訴自己，明天要更堅強。

生命總在事件不斷地衝擊下成長，相信自己，勇氣就會跟著出現。我們要相信自己一定可以跨越層層關卡，不要一開始便選擇放棄，甚至懷疑自己的能力。實驗過許多次後發現，當我退縮猶豫，一項簡單的復健療程就會突然變得困難，而當我相信自己，便會充滿著信心與毅力，所有的挫折都阻擋不了自己。

關於未來，誰也無法精確掌握，但是我唯一能肯定的，就是現在的努力，將關係著未來的好壞，如果我現在不努力復健，肌肉將會漸漸萎縮，身體狀況也會變差，那麼，如果哪一天醫療的進步，終於研究出可以醫治我的方法，我該拿什麼樣的體力去接受治療，我又能用什麼樣的身體狀況去爭取醫療的機會，所以我必須，也一定要保持好最佳身體狀況，堅持自己的理想目標，雖然未必會有美好的成果，但至少不會惡化下去，不會在生命中留下遺憾。

我相信，只要我付出心力，只要有毅力堅持下去，只要這麼相信著自己的能力，我一定可以重新站起來。

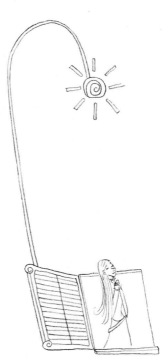

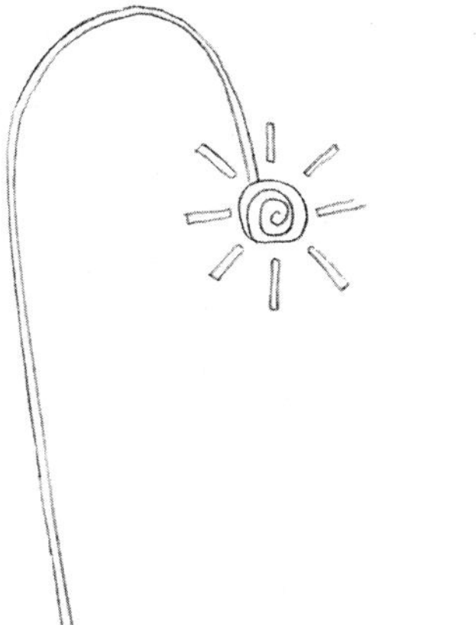

堅持，是對的

二〇〇三年十二月三日，寒冬的冷空氣，透露著一年又到了尾聲。

❖

莊醫師替我安排了一項神經傳導的檢查，一早八點半就被醫院接駁車載往中正樓去，實驗助理告訴我們，這項檢查可能需要花一個上午的時間，於是請醫院的看護阿姨先回去，留下媽媽在一旁等我。

這項實驗，我兩年前做過一次，記得當時所做的檢查，我一點反應都沒有，令我有點沮喪，我一邊看著熟悉的用具，一邊看著他們在我腿上貼貼紙，插上電線，然後又拿出一個我從沒見過的儀器：蝴蝶形狀的白色罩子，後頭是一條粗黑的電線。它就這樣重重地罩在我頭頂。

「這稍微有點痛，妳忍一下！」助理話才說完，就突然啪的一聲，一陣電流從頭頂敲了下去。

那感覺，就像急救時的電擊，電流狠狠從頭頂打下去，全身就抽一下，心臟跟著快速地跳動，我雖沒被急救過，但是感覺自己全身突然抽動的樣子，跟電視裡演的沒兩樣。

檢查到一半，一位醫師走了進來，經過研究助理的介紹，才知道他是這項檢查的負責醫師，矮瘦的身材，看起來像個急性子的人，一進來就急著看剛剛助理進行的檢查。

「妳這個樣子持續幾年了？」他轉過身問我，我這才眞正看清楚他的長相。

「五年了。」戴著黑框眼鏡，深皺眉頭，標準的醫生表情，如果他微笑，應該會不錯看吧。

「五年啦！」醫生這句話的尾音拉得又高又長，依舊皺著眉頭翻病例。

「喔，五年了還測得出來嗎？好啦，就試試看！」闔上病例，他又開始忙碌起來。

等他們將儀器架設完畢，我看著螢幕慢慢顯現出兩道波線，一道是平行線，另一條則是怪異的拋物線。

「眞的假的？檢查一下線路有沒有問題！」助理又再度將線路做了調整，換上新的電線，然後重新開始，而螢幕上的線路還是一樣，一條拋物線和一條平行線。

「喔！真的有，只是一腿比較差囉，那不能懷疑了，讓她上病床繼續。」

我自己移位上了病床，手上貼了貼紙，電流開始在我手上傳導，痲刺感漸漸隨著儀器增強，電波每打一次，就感覺皮膚薄了一層似地，愈來愈痛，痛到只能咬著牙轉頭尋找轉移注意力的目標，眼球隨著景物來回的搜尋，終於落在牆角的小魚缸。

小小的魚缸中，只見幾條孔雀魚來回悠游在水裡，「啪」，一波強烈電流讓我痛得閉上了眼，再睜開眼，我見到彈跳的孔雀魚，不！那不是孔雀魚，這彈跳的姿勢，不是小蝦子嗎？我驚訝地睜大了眼仔細看清楚，這才確定不是腦袋被電壞了，而是眞有小蝦子在魚缸中，努力彈跳著身軀往上游。而接下來，我也像是小蝦子般，被強烈電波電得我全身不斷彈跳著。

「耶，眞的假的！再試試看！」

一個上午，醫生不斷重複著這句話，只因爲五年後的我，居然恢復了部分的神經傳導，就在醫生的懷疑下，我不斷地重新測試，直到三次的測驗值都證明神經是通的，醫生這才相信。

「怎麼樣，還好嗎？」莊醫師突然走了進來。

這次的神經傳導，是莊醫師幫我安排的，他關心地抽了空來看我，在這個陌生的環境，看到唯一熟悉的莊醫師來看我，真的非常感動。

「好啦！妳慢慢檢查，我要去看診了！」當我正沉醉在感動中，慘案發生了。

「啪吖！」莊醫師走出檢查室時，突然間電腦螢幕也一起跟著莊醫師離開，整個螢幕暗了下來，檢驗師也隨即無奈地起身，當我看到這景象，我才突然回神感到不妙。

是的，電源線被莊醫師踢掉了！是的，一切要重新來過了！沒錯，我要重新被電一次。

「莊醫師！很痛耶。」我忍不住哀叫了起來。

❖

這項檢查花了我一整天的時間，除了中午到樓下餐廳吃個飯之外，其他時間我都待在檢驗室中，不斷做檢驗。

「醫生，請問，這樣電擊腦部，會不會變笨？」我終於忍不住問了這個藏在我心裡一整天的疑問。

「不會，電完會更聰明！」醫生說完，我更加的肯定，這電擊完……一定會變笨。

這項檢查同時也具有治療效果，醫生說這電磁波就像是氣功的灌頂一樣，可以幫助神經的傳導。

下午三點半，終於結束了一整天的檢查，我揉了揉被電到暈沉的腦袋，試著在心裡默唸九九乘法表，還好，我還記得。

「剛剛所做的檢查發現，妳的神經傳導，由腦部至大腿部分都是通的，只是愈往下訊息愈弱。妳現在的力氣恢復到大腿的部位，回去之後繼續復健，如果有更進一步的恢復，隨時都可以回來再做檢查。」

醫生在檢查後，告訴我這一個消息，一個我努力了五年，終於等到的好消息。

只是，或許是平時彩排了太多次，我常想著，如果醫生告訴我恢復的消息，我一定要抱著醫師痛哭。我也常夢到，醫生宣布我恢復時，我抱著媽媽開心地大叫著。然而在此時，我並沒有想像中的激動，也沒有夢中那樣開心到痛哭，我只是靜靜的聽著醫生說，平靜地離開檢驗室。

出了檢查室，我的臉上掛著微笑，像從肩上放下了重石，我的心情是輕快的。

這些日子所有的喜怒哀樂，隨著轉動的輪周，一圈圈快速轉過腦海，拋向腦後，我破除了老教授百分之八十不會恢復的迷咒，也推翻了前位治療師認爲我無法穿鐵鞋走路的觀點，我甚至感恩他們給我的打擊，成就了一個不屈服的秀芷。

我也感激家人朋友的關懷，讓我無後顧之憂地積極往前走，更感激上天讓我遇到榮總這群天使般陪我一起找尋希望的醫療團隊，但這一切，如果自己無法堅持著努力往前行，是怎麼也遇不到奇蹟的。

❖

榮總外的夕陽，紅橙橙的一片，就在上了接駁車時，我捏了自己的手臂，確定一切不是作夢後，這才深深地嘆了口氣。

「終於讓我等到了，這五年來的堅持，是對的。」

誰能輕言斷定一個人的未來，命運掌握在自己手中，只要相信自己，堅持下去，總會有破除黑暗、迎向希望的一天。

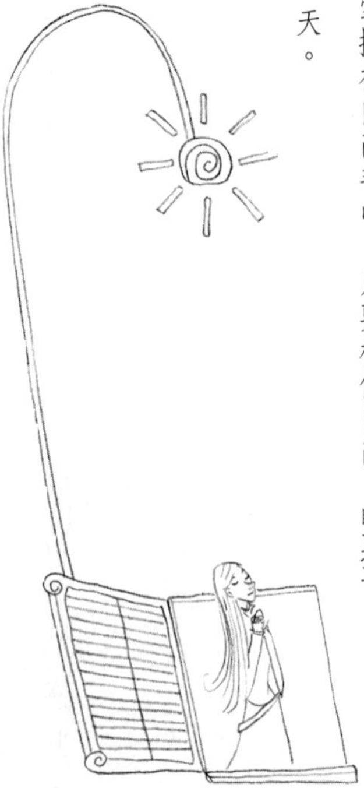

5 還有機會再愛嗎？

我相信，時間會讓你淡忘我，你會在某個地方，遇到一個喜歡的人，舉行一場夢想中的婚禮，住在溫暖的堡壘，牽著她的手，過著你想要的生活。

病好了要不要嫁給我？

你知道嗎？有時候我是怕寂寞的，當寂寞突然掐住我的脖子，我只能靜靜地等著窒息的時刻。

❖

「聖誕夜，平安夜……」電視中不停地報導著聖誕節的活動，情人們成雙成對地逛著街，在聖誕樹前許下願望。

晚上的民俗治療，需要人幫忙下樓，打了電話請L過來背我。

「喔，我跟人家約八點呢，現在都七點多了，到那邊一定也有很多病患在排隊……」L一路碎碎唸著，讓我的愧疚感更重了，我皺著眉緊閉上眼，所有的難過悶在胸口，對於這一切，我一直深深感到抱歉，要不是這場病讓我癱了雙腳，我也不想麻煩這麼多人，耽誤大家原有的行程。

車子開到目的地，復健室中的確有很多病患在排隊，L看了我一眼，「看吧，我就說會有很多人！」

❖

聖誕夜的街頭，燈火通明，爲了應景，路邊的行道樹都被燈泡裝飾得像聖誕樹一樣，如果可以下車逛一下，那該多好。

復健完畢，匆匆回到家裡，L將我背上樓，就趕忙著離開。

「妳看起來好像不高興？」L拿起外套，在離開前留下這句話。

「如果，背我下樓是那麼爲難的事情，那乾脆就不要來背我了，也不要去復健了，我在家等死就好了！我快不快樂重要嗎？你的玩樂比較重要吧！」心裡雖然生氣地這樣喊著，卻還是倔強地對L搖搖頭說再見。

生病後，我無法像以前一樣陪L到處去，漸漸地，我們之間開始出現隔閡，我們的世界以及聊天的話題，慢慢變得不同。

聖誕夜裡，姊妹們都出去約會，爸媽也睡了，我在房間裡，不停做稿子，連可以說話的對象都沒有。撥了一次電話給他，在跟朋友狂歡吧！吵雜的聲音讓我們聽不到彼此要說的話，無奈地掛上電話，對著窗外的夜空發呆，在這個聖誕夜裡，我用工作來掩飾心裡的孤單。

隔日，L依然沒個電話，我想，一定是聖誕夜裡玩累了吧，直到晚上十點半，L出現在門外，我靜靜地趕著稿子，頭也不抬。

「到底是怎樣？我再給妳十分鐘，妳再不說話，我就離開。」L坐在桌邊生氣著說。

我該怎麼說？這件事情沒有誰對誰錯，你有自由去跟朋友狂歡，我沒辦法陪你去，待在家中是當然的，只是我很希望你可以陪我，但我眞的可以這麼做嗎？可以這麼自私任性嗎？

「你可以跟朋友出去玩，一玩就是好幾天，聖誕夜我很寂寞，你知道嗎？」我在紙上用力寫下了這些字，並狠狠地將它遞給L。

「這幾天跟朋友出去玩，我不只沒打電話給妳，我也沒打回家啊！妳知道我媽前幾天對我說：『你年紀也不輕了！』我想，我媽是認爲我該結婚了。」

靜靜聽著L說完這些話，我停下手上的稿子，心情出奇地平靜，就像是等待很久終於還是聽到的一句話。我眞的沒話說，該來的還是躲不掉，他或許是在暗示我他的傍徨，暗示著我們的未來是不會有結果的——如果，我依然坐在輪椅上。

L繼續說著他的工作壓力，說著那我再也聽不清楚的內容，眼前一片茫然，也不知道L什麼時候走了，等我清醒時，房間裡只剩下我和手邊的工作。

在手上，用美工刀劃了一下，刀子太鈍，膽子太小，手上沒有痕跡，不會痛，也沒流血，但我卻是清醒許多。

搖搖頭，我笑了，我又何必那麼難過呢？他有他尋找快樂的方式，或許我是不該干涉，畢竟我已經無法陪著他去尋找快樂。每個人都有自己的人生，我也該學習獨立，走我自己的路，不該再爲難誰。

❖

愛情畢竟還是得接受現實的考驗，我清楚知道L有著很深的無奈，但他總是比我堅強，比我更堅決地相信我一定會好起來。

「醫生看過妳的片子，初步報告認爲是靜脈血管阻塞，但是發病至今已經一年了，他覺得恢復的機會並不大……」在某次入院檢查後，大妹轉述醫生的這段話，一直不斷在我腦裡浮現，如同唱盤跳針般，不停地重複著。

我整夜無法入睡，所有關於未來的不安，如同糾結著的毛線球，哽在喉嚨中令人窒息，如果就這樣死去，對我來說應該也是種解脫吧。

習慣在這樣的夜裡，撥電話給L，也不是想將滿腦子的悲傷都倒給他，只是想在即將鬱悶而死的邊緣，聽聽他的聲音，聽他說說外面發生的事情，或者是朋友間的趣聞。大多數的時間，我只是靜靜地聆聽，試著從L生動描述的事件中，找回一些記憶，找回一點走下去的勇氣。

「C的老婆生了，是個女孩子，很可愛，眼睛像C，大大的……」

C是L從小一起長大的朋友，我發病的時候，他老婆剛剛懷孕，當時家裡因為我這場病一團亂，C也幫了我不少忙，時間過得眞快，C的孩子已經出生了。同年紀的朋友都已經有了孩子，L呢？他會不會也想要有自己的家庭了？

「L——」我打斷了他興致勃勃的描述。

「幹嘛？」

「你會不會想結婚？」

「幹嘛問這個？現在還沒這打算啊！」

「可是，人家C都已經有孩子了，你媽媽不會著急嗎？」

「喔，妳急著嫁給我啊？」L嘻皮笑臉地說著，卻不知他已經踩到我內心最痛的地方。

「我這個樣子怎麼可能嫁給你？你媽媽會允許你娶一個坐輪椅、連倒杯水都要人家幫忙、連照顧自己都沒辦法的累贅？」我幾乎是用吼的說完這句話，隨後，兩個人沉默在電話的兩頭。

「妳是怎麼啦？那麼激動！」

「我沒有激動，我只是說出事實！」

我不想再騙自己，不想一直活在幻想裡。

「妳會好的！」

「我會好？誰說的？醫生跟你說的？還是神明跟你說的？」

不安與痛苦，突然間轉爲氣憤，全都發洩在無辜的L身上，沉默，又再度讓這空間的一切靜止下來，就連呼吸都顯得吵雜。

「我覺得妳會好起來。」L的口氣堅定，但是卻無法說服情緒混亂的我。

「今天大妹醫院的醫生看了我的片子，他們認爲我已經過了一年都沒恢復，復原的機率很小，你知道嗎？」我對著電話哭了起來，講了好一會兒，這才將打這通電話的主要原因說出來。

「醫生只是說恢復的機會很小啊。」

「不會好了！永遠都不會好了。」沒等L說完，我早已歇斯底里地哭喊了起來。

「要不要我現在過去陪妳？」

「不要啦！你不要來啦！不要。」

接下來的時間，我只是一直哭著，L則在電話的那邊，靜靜等我哭完。

「哭完了嗎？我有話想跟妳說。」

「嗯……」淚水是暫時止住了，呼吸卻因爲太過激烈的哭泣而抽噎著。

「我眞的覺得妳會恢復，畢竟連醫生也解釋不出這場病是怎麼回事，妳不應該這麼快就放棄掉，以後的事情，以後再說好不好？」

「嗯。」我只能用簡單的字句來回答L的話，因爲我知道只要一開口，淚水一定會潰堤而下。

「好了，很晚了！明天不是還要復健嗎？先睡覺好不好？」

「嗯。」

「眞的要去睡覺喔，不要掛上電話又一個人在那邊胡思亂想。」

「好啦！」我深吸了一口氣，鎮定情緒回答L。

「我問妳，妳病好了要不要嫁給我？」L在掛上電話前問了我一句。

「那如果我沒有好起來呢？」我反問他這一句，之後，電話的兩頭都陷入了沉默。

掛上電話，一旁的鬧鐘停在凌晨兩點四十五分的位置，混亂的思緒還是不停在我腦子裡轉著。

夜晚，黑暗蓋去了光亮，軟弱就在此時，從身體的最深處探出頭來，盡情地吞噬著受傷無力抵抗的心，除了痛得直落淚外，我只能祈求老天讓我快點昏睡。

❖

我並沒有停止思考我與L的未來，這個問題並不是將眼睛蒙上，就可以從此不需要面對，我還是會問起他，關於我們未來，尤其是在我心情低落的時候。

窗外的大雨落在雨篷上，啪啦啪啦打亂了原本就很不平靜的心，半躺在床上對著發麻的雙腿發呆。

突然想起什麼似地，我用手臂撐起身子坐起來，並用枕頭墊在背後，撐著無力而搖晃的腰部，光這樣一個動作，就花去我許多的時間與體力，我深呼吸讓自己急促的心跳平靜點，然後用雙手將麻痺的腿拉向身體，弓起，再放手。

「碰！」

無力的腿，往外攤了下去，露出膝蓋後方難看的燙傷疤。

就如反射動作般，馬上撥了電話給L。

「幹嘛？又睡不著亂想了嗎？」L一接起電話就說。

「沒啊！哪有亂想，我想的都是可能發生的事情！」我的確是在想著一些事情，要不，我怎會那麼晚還打給你。

「我決定，如果病沒有好，我就搬去跟朋友住，我朋友說她也不想結婚了，我們兩個住在一起有個照應。」這句話一說完，彼此都陷入沉默。

「妳想得很天眞耶！」L的笑聲從電話那頭傳來，笑聲裡藏著尷尬。

一直以來，L很不願意談論到這個話題，而我其實也不敢對他提起，這個禁忌話題，雙方都很有默契地不去觸碰，今天，也不知道自己是怎麼了，就這樣冒然開啓了禁忌話題。

「好吧，我知道你對於這個問題很徬徨不安，我們就來談談。」外面的大雨依然沒有減弱，啪吋啪吋就像我雜亂的脈搏聲，我深呼吸著，像是等待發考卷的心情，等著L給我的回答。

「妳想得太天眞，如果妳的朋友哪天想結婚了呢？妳是不是就得離開？」對於我的說詞，他並不認同。他說他希望找一個對象，然後說服她接受我，三個人生活在一起，這樣就可以一輩子照顧我了。

「呵—呵—這就是你想的？」心跳，突然沒了剛剛的激烈，只覺得一陣暈眩。天眞的是你，感情是不容許和別人分享的，誰也不願意對方的心裡還有著別人，更何況還住在一起朝暮相處，會有那個女人如此心胸寬闊？或許有，但我不能。

「這根本不是問題，問題是妳願不願意？」L依然堅持認爲這是個不錯的解決方法。

我當然不願意，我想，那樣的狀況，將會比我自己一個人生活還要痛苦。

L依然不放棄，繼續說服我接受這個解決方法，直到我刻意地岔開話題，才結束了這令人感到窒息的對話。

❖

凌晨三點，電話的那端依然興致勃勃，對我說著今天發生的大小事，我靜靜聽著，心裡想著這樣的景象可以維持多久？如果可以不需要透過電話，窩在他身邊，感受著他的體溫，聽著他的聲音直到睡著，那一定是很幸福的事情吧。

掛上電話，深吸口氣，這禁忌話題有了個結論：如果我沒有恢復，L和我的未來將會是個句點。

我知道他愛我，也知道他捨不得傷害我，捨不得離開我，但我也清楚瞭解，他所面臨的困難與無奈。愛情終究還是要面對現實的考驗，相愛的人不一定能夠相守一輩子。

如果愛情能允許分享，那麼世上又怎麼會有那麼多解不開的三角關係。如果你的心不是單人房，我想我不會冒然搬進去，因爲對我來說，愛情是獨占的，不允許分享。沒錯，對於愛情，我就是小心眼。

「妳病好了要不要嫁給我？」你最常問我的一句。

「那如果我沒有好起來呢？」我反問你。

電話兩頭的沉默，早已說明了這問題的答案。

放手，看你飛往幸福

過年前，熟悉的冰冷空氣從窗外飄入，窗外細雨一直沒停過，而窗內的我早已泣不成聲。

❖

「你病好了要不要嫁給我？」

「那如果我沒有好起來呢？」這兩句對話之後的沉默，讓我開始思考關於我們的未來。

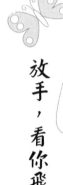

決定放開手，這通電話我撥了又切，切了又撥地來回好幾次，腦子裡不斷出現和你在一起的一切回憶。

初相識，你騎著車子載我回家，你說，如果到家前沒有將我賣掉，就用五十元買下我，而後，我的生日禮物是你用五十元硬幣做成的項鍊。躺在床上的我們像是準備結婚的夫妻一樣，討論著房子的擺設，討論著將來孩子的教育方式，直到我沉沉睡去，你貼心地買好晚餐放在桌上，擔心我醒了沒東西吃……

我用力搖了搖頭，將記憶甩出腦中，電話也不知道在第幾次撥出後被接通。

「我想，我們還是退回到朋友的關係吧。」

「到底怎麼了？要不要我現在過去？」

「不要，不要來！我們就這樣吧。」

L楞住了，以爲我只是在耍脾氣，所以沒多久，L帶著想安撫我的心情，出現眼前。

「到底是怎樣？至少給我個理由。」

理由，我該給你什麼理由？我沒有理由可以給你，因爲我知道你會拿更多解釋來駁回我的理由，但是現實呢？現實是無法用口中的理由來化解的。

「我給你理由，然後呢？你再針對理由安撫我？然後和好，蒙上眼睛假裝一切都沒問題？沒用的，問題會一直存在，不會因爲你的解釋就可以不去面對。」

我異常的冷靜，也可以說是冷酷，一字一句都像是把利劍往L狠狠刺去，L只是靜靜地看著我，鐵青著臉。

「妳知不知道妳現在的樣子有多冷漠，冷得讓我懷疑，在我眼前的這個人是不是我的秀芷。」L說話的聲音顫抖。

L將我的輪椅轉向他，要求我看著他：「妳眞的覺得這樣比較好嗎？」

我點了點頭，沒有多說一句話，因爲我必須用力地止住正在淌血的心。

「好吧，那麼我尊重妳的決定。」

「謝—謝謝——」

L起身站了一會兒，低下頭親吻了我，轉身離開。

大門「砰」地關上後，我楞在原地，看著窗外的夜景傻傻地發呆。要離開你其實很簡單，只要不停想著你的不好，不停想著殘酷的未來，就能冷靜下來，狠下心來，此時的我，全身突然開始顫抖，卻怎麼也流不出一滴眼淚。

我極盡所能地想穩住顫抖的身子，卻還是在拿起水杯的時候濺出水花，急忙拿了桌上的面紙擦拭，此時電話剛好響起，煩亂的心情接近崩潰。

「喂，秀芷，我是景美，我現在跟弟弟在花市，等等去找妳喔！」

掛上電話，我深呼吸試著安撫痛苦並淌著血的心，直到電鈴聲響起，回過神，急忙推著輪椅去開門。

「來！這一百朵玫瑰花給妳，祝妳新年快樂唷！要不要我幫妳拔玫瑰花刺？」

「啊，不用了，明天我再請家人幫忙。」我並沒有多留景美，怕待會淚會突然潰堤，嚇到了她。

景美抱著一大束玫瑰走進來，燦爛的笑臉和我呈明顯對比，雖然與景美認識沒多久，我們卻像姊妹般無話不談，她似乎也察覺到我的異狀。

「妳還好吧？臉色不是很好喔，早點休息，花我幫妳擺在廚房桌上，小心刺喔！那我先走了。」景美彎下腰摸了摸球球後離開。

呆望著這一大束血紅玫瑰，輕輕地將包裝給拆開。才剛掀開，玫瑰的刺就狠狠往手指扎去，滲出如玫瑰般火紅鮮血。

「哇——」抓著手指，我哭了出來，而這個時候，身體居然停止了顫抖。

如果說只要想著你的壞，想著殘酷的未來，就能冷靜下來，狠下心離開，那麼現在的淚，又是怎麼一回事？

與L分手後，我緊接著開始住院治療，在療程開始的前一晚上，L出現在我病房門口。

「我是爲了不遺憾來的。」L摸著我的頭，像以前一樣百般柔情，而我卻刻意地撇過頭，躲去他的手，也躲去他想給我的溫柔。

「我曾在網路上看到一篇文章，情侶間因爲一點小誤會吵著分手，雙方都維持冷戰，誰也不肯低頭，最後隨著時間的流逝，才發現後悔已經來不及。」

我還是忍不住抬頭看了L一眼，是錯覺嗎？他好像瘦了許多，表情也沒有一貫的嘻皮笑臉，只在眉間發現憔悴與憂愁。

「我是爲了不遺憾來的，我想再問一次，眞的要分手嗎？」L重複一次他來的目的。

我閉上眼，對著他輕輕點了頭，每個點頭的動作，都像刀割一般，很痛，很痛。

「妳看著我，看著我說，至少給我個理由吧！」L雙手捧著我的臉，要我看著他。

這是多麼殘忍的事情，我看著L，看著一個深深愛過，甚至覺得會跟著他一輩子的人，然後狠狠地、面無表情地對他說：「如果愛情裡只有愛與不愛，那分手，還需要什麼理由？」

沉默在安靜的醫院裡，更顯得冰冷，讓人寒了心，L突然從身後緊緊抱住我，而我只是靜靜看著遠方，徘徊在眼眶裡的淚卻怎麼也流不出來，悶在胸口的悲傷就快要爆炸開來，我懷疑現在的我，到底是不是我？明明心痛得快昏厥，卻還可以冷冷地一把推開L。

「可以給我一個吻嗎？像以前一樣，我想要記住這感覺。」

L，你哭了嗎？你抱著我的雙手在發抖，你一定哭了對吧？對不起，我不得不這麼做，現在的我，情況糟糕得足以拖垮你，而膽小懦弱的我，更沒有把握可以跟你一起突破眼前的重重阻礙。因爲愛得很深，所以知道，唯有這樣冷漠的方式，才能將你推離身邊。愛一個人就希望他能幸福快樂，而對我來說，分手是我認爲可以讓你免去煩惱的方式。我相信，時間會讓你淡忘我，你會在某個地方，遇到一個喜歡的人，舉行一場夢想中的婚禮，住在溫暖的堡壘中，牽著她的手，過著你想要的生活。

醫院電梯前，輕輕一吻，轉身，我們各自走向不同的路，我摸了摸唇，那裡似乎還留著你的溫度，在你轉身往電梯裡走去後，我們的一切到此劃上句點。所有我們一起築起，關於未來的美麗城堡，也在最後的親吻中徹底瓦解，而我這才將眼眶裡的淚釋放。

從今以後，打針的時候不再有人抓緊我的手；從今以後，難過的時候不再有人摸摸我的頭哄我；從今以後，累的時候不再有人讓我靠著他的肩膀；從今以後，一個人也要堅強的走。我會勇敢面對自己的未來，在沒有你陪伴的未來，我必須要學會堅強與勇敢，這樣，所有愛我的人才會感到安心，而你才會放心地過屬於自己的生活。

❖

之後，我們整整有一年的時間失去彼此的音訊，卻在一年後，再度聯絡上。

「喂。」

「妳找我？怎麼了？」熟悉的聲音從話筒裡傳至耳朵。

不知道是不是週期性的憂鬱，一個下午，我躺在床上無力地直想哭，順手拿起了手機，通訊錄裡的人其實很多，卻不知道該撥出那個號碼，螢幕上突然顯示著熟悉的名字——L。

多久沒撥出這號碼，一年，多久沒聽到這號碼撥出後傳回的聲音。突然有股衝動傳至手指。

「嘟—嘟—電話已轉接至語音信箱。」電話改了嗎？不接我電話嗎？沒等人工答錄機講完，我急忙掛上電話，卻在腦子裡一陣慌亂。深呼吸，再次重撥。

「嘟—嘟—電話已轉接至語音信箱。快速留言請按#字鍵。」我刻意不選快速留言功能，想聽聽他的答錄聲音。「嗶——」呵呵，果然，這傢伙總是懶得去錄答錄聲音。「光聽這些話就浪費多少錢啊，我是爲別人省錢耶！」記得他都這樣回答我。

「喂，我是秀芷，你在忙嗎？沒什麼，只是打個招呼，嗯，就這樣！」掛上電話，冷笑了一聲，以前我總會在他的語音信箱裡留一些怪怪的留言：「有沒有想我啊，我在想你唷！」「在幹嘛？把妹妹嗎？怎麼不開機？」

他總是在有空的時候馬上回我電話說：「幹嘛？想我喔！馬上到！」「把妹妹，我哪敢啊？」我們之間有著相同的默契，我信任他一定是在工作，而他給我的回應也讓我放心。

而今，我的留言卻顯得如此陌生，這通電話掛上後，也沒把握他會不會回電。

對著電腦螢幕發呆了一個晚上，一個字也生不出來。電話聲突然響起。

「喂。」

「妳找我？怎麼了？」熟悉的聲音終於從話筒裡傳至耳朵。

「沒有啊，最近好嗎？」唉，眞氣我自己，一聽就知道是慌亂中隨便找個問題問。

「還是老樣子，相信妳也是吧！」老套地閒聊了一下近況。「妳媽媽好嗎？多久沒打電話給我了，一年只打一次喔？」

他還是老樣子，知道我的尷尬，將話題轉至輕鬆的內容。感覺突然熟悉起來，心情也自在地與他分享彼此的近況，只是，L輕鬆搞笑說著近況，而我卻難過了起來。

「這幾年，妳成長了許多，尤其是這一年來，發生了許多事情，妳想得比以前多了，我感覺到妳的成長很快速，也堅強得超乎我想像。」

「哈！是該堅強啊。」我苦笑了一聲

「哈哈，我的眼光一定不會錯的啦！我跟同事說過，妳是一個很好的女孩，待人處事各方面都很好，能交到這樣的女孩子是很幸運的，我也相信，我再也找不到像妳這樣的女孩了。」L話還沒說完，我眼眶裡的淚水早已狂洩而出。

「我並不是百分百的堅強，我也有難過的時候……」想說的話因爲哽咽而說不出來，話筒裡只剩下我的啜泣，還有另一邊傳來的安慰聲。這一年來獨自承受的痛苦，都在此時對著電話那頭的L發洩。

「怎麼了？沒事啦，不要哭！」L顯然是被我給嚇到了，只能不斷重複這句話來安慰我。

「提出分手的人未必比較不傷心。」哽在喉嚨裡的話，在深呼吸後才勉強擠了出來，這句話放在我心裡一年了，才說出口，又再度只剩啜泣聲。

「在我們分開之後，妳成長了許多，一年，妳對事情的想法不同了，我們變得有些落差。」

才剛止住的淚水，試圖再度湧出，我努力地將它忍住。

「不說了，再說又有人要哭囉！」

「你又知道，我已經沒哭了啦！」我說謊。

「少來，別裝了，畢竟我也曾經深深愛過妳，我怎麼會不知道妳在想什麼。」

我皺起眉頭，深吸一口氣，努力平撫自己激動的情緒。

「呵呵！我也是，我也曾深深愛著你。這一年來，從跟你分手的那天開始，我就告訴自己要堅強點，以前有你可以依靠，現在沒有了，就要靠自己。以前害怕打針，現在我已經不怕了。在醫院做治療，副作用的痛楚，讓我只能抓著床欄杆，咬著牙流眼淚，硬是撐過每次治療後的三天頭痛期。難受的時候只能在心裡告訴自己，要堅強下去！」

「我一直相信我看人的眼光，妳很堅強。好了，別哭啦！罪過喔，跟我講電話卻讓妳難過地哭。」

「沒有啦，我只是——」淚水像是豁出去一樣傾洩而出。

「妳一直哭，哭得我也都想哭了！」

「那一起哭吧！」我說。

「什麼一起哭，我們來聊點別的，要不然，我說笑話給妳聽。」

「不要！你每次說的笑話都很難笑！」

我破涕為笑，想起L的蹩腳笑話，每次在他講完的時候都會出現冷場。

「我記得，每次我講笑話，妳都是很捧場地聽完，然後在最後告訴我妳聽過了，要不然就是說，不好笑！」

我們都笑了，回想起以前的種種趣事，互相取笑對方的傻。

「你有女朋友了嗎？」這個問題，我還是問了，然後屏息等待他的答案。

「唉唷，幹嘛問人家這問題，我會害羞呢！」L還是這樣，在尷尬的時候，會用玩笑帶過問題。

「回答一下嘛，找不到嗎？」

「不是只有妳行情好耶，我也是有人倒追的！」哈哈，他還是很容易被我套出話來。「但是，怎麼說呢，有些事情還是放不下吧，放不下，就很難再去接受。」

放不下，捨不得，我似乎也是這樣的心情，否則也不會在聽到L的聲音之後，淚如雨下。

「你也該結婚了，你媽媽只有你一個兒子，是該娶個媳婦孝順她的。」我說這句話的時候，心，抽痛了一下。

「沒有人要嫁給我啊！」

「怎麼可能會沒有，說沒有是懷疑我的眼光呢！」

我們都笑了，時間已經是凌晨三點，但彼此都捨不得掛上電話，一直閒扯著。

「自己要多保重，想找人說話的時候就打電話給我，妳知道的，我在忙的話會跟妳說，等到有時間，我會馬上回妳電話。撇開愛情，至少我們還是朋友，就像妳剛剛說的，一起哭吧！即使我不能幫妳解決難過，至少我可以陪妳一起度過。」

「想找人擁抱一下也可以找你嗎？」我問。

「當然可以，隨時歡迎，來吧寶貝！」

凌晨三點多，我們都累了，掛上電話前，L要我許願，這是我們以前深夜聊天結束時，特有的儀式。

「世界和平吧！」我說。

「哈！在以前，妳許的願望一定是，希望明天可以喝到珍珠奶茶，但現在妳的想法改變了，妳怕麻煩別人，妳一直擔心造成別人的負擔。」

「你果然瞭解我。」

「畢竟我深深愛過妳呀，但是我瞭解妳嗎？我也不知道，我不知道我是不是瞭解妳，有時候我覺得我並不瞭解妳。」L似乎有沒講完的話，欲言又止。

❖

一年的時間，彼此都感覺得到對方的改變，或許我們都不確定能不能像以前那樣相愛，所以只能互相祝福，在凌晨三點三十四分，輕輕掛上電話。

我們似乎都有著同樣的默契，就順其自然吧！或許哪一天，兩條平行線又會再度交集在一起！

「快去睡吧，掛上電話就睡喔，就聽我一次。」

「好，但是我還要導尿。」

「要多久？」

「五分鐘」

「那麼，五分鐘後見！」

「啊？」

「五分鐘後夢中見！」

「好！夢中見。」

「嘟——」熟悉的聲音在話筒中再度消失，而我，再度失去你的消息，下次，會是多久後，我也沒把握。我們都要好好過，爲你，也爲我自己，無論以後如何，至少我們曾經深深愛過，至少我們的記憶中擁有許多美好。

放開手，看你自由，看你飛往幸福，我也就更加堅強，
往後的路我自己走，因為沒有你陪伴，我學會更勇敢。

〈後記〉
現在的我

打開窗戶，你會驚訝地發現天空是如此蔚藍，你會開始嚮往窗外的世界，想要振翅飛翔，猛然回頭看著窗內的自己，搖搖頭拒絕再回去。

❖

經過時間的洗禮，我漸漸瞭解自己，明白以前的那個秀芷，到底擔心著什麼，害怕著什麼，為什麼老是喜歡把自己關在痛苦中，害怕走入人群。

其實癱瘓在輪椅上，除了要面對行動上的不方便，身體上的痛楚更是容易讓情緒變得暴躁。我的雙腿二十四小時都處於麻木的狀態，到了冬天，更會有強烈的刺痛；背部以脊椎為中心，左右兩邊各有不同的感受，左邊的肌肉搔癢難受，右邊則是刺痛，在這樣的狀況下，心情自然就變得十分敏感。再加上無法控制自己的排泄問題，連上廁所都需要靠人幫忙，感覺自己像個嬰兒一樣，處處需要別人照料，無助慢慢演變成憤怒，只要事情稍微一不如意，脾氣就這樣一觸即發。然而，我的脾氣並不是針對家人，而是自己。我氣憤自己為什麼無法像以前一樣照顧自己；氣憤看似簡單的事情，居然變得無力處理；也氣憤自己將一切不如意發洩在愛我的家人身上。

經過時間的沉澱，我釋懷了、也明白了，人是群居的動物，什麼事情都攬下來獨自承擔，會有多孤單啊！所謂的獨立自主，並不等於孤立，應該是在自己的身體狀況允許下下，做適當、自然的生活形式，即使是所謂的「正常人」，出門逛街也是喜歡有人陪伴，只要心裡不是帶著惰性，不是嚴重的倚賴，適當地讓他人幫忙自己，也是增進彼此感情的方式，我又何必過度苛求自己，又何必太過愧疚而影響了心情。

❖

有一段時間，我變得沉默，每天無所事事，總認為自己是個累贅，滿腦子想的是以前那個風光的我，我無法接受輪椅上的自己。我想要在旅遊業與大姊並肩打拚，想要成為模特兒圈的明日之星，想要攀爬上夢想頂端。然而，這場病，讓我癱了雙腳，癱了所有辛苦建立下來的成績。一夕間全變了樣，我沒了健康也沒了工作，感覺自己幾乎是一無所有。無法接受這巨大改變的我，天天沉醉在痛苦裡面無法自拔，怨天尤人地度過了一年半的時光，非但病情沒有任何起色，更把自己弄得狼狽不堪，也把家人一起拖下了灰暗的深淵。

經過朋友的鼓勵，我試著將日記本裡的心情，藉由投稿與大眾分享，並在寫作的過程中，重新認識自己，重新找到屬於自己的生命本質。原來，透過文字，我可以幫助像我一樣曾經沉淪於痛苦中的人，而經過分享，我得到來自不同地方的陌生人的支持與鼓勵，心裡漸漸累積著關於快樂與感動的財富，我眞的一無所有嗎？其實我只是放下曾經擁有的，然後重新擁有更多。

雖然雙腳無法行動，但是我用雙手創造更多奇蹟，我不再害怕一無所有，因爲我本來就是一無所有的，那麼又何來的害怕呢？我兩手空空地來到這個世界上，因爲父母的付出而得到愛，因爲學習而得到知識，因爲工作而得到報酬，就這樣一點一滴地累積「擁有」。這所有看似存在的擁有，卻也可能在一夕之間瓦解，回復到原來的一無所有，即使人人稱羨的富翁，也可能在一夜之間失去辛苦打下的江山。

因爲這一場病痛，我看透了關於「擁有」的虛實，現在的我，懂得什麼才是我該珍惜，什麼是該適時放下；我懂得要充實自己的實力，迎接每個機會的來臨；我懂得該緊握珍惜的，是來自家人與朋友的關愛；我懂得付出自己的關愛，心靈才會得到綿延不絕的財富；也懂得不該沉溺於自怨自艾中，那只會浪費時間但無法改變事實。既然我本來就一無所有，又何需硬要抓住已經不屬於自己的一切，生命總有終點，能帶走，並繼續延續下去的，只有心靈上的財富，生命的精神。

現在的我，反而感謝這一場病使我體會到什麼才叫一無所有，讓我有重新面對、瞭解自己的機會，也因此，我不但少了對於「失去」的恐懼，還更加有勇氣往前進並珍惜每一個機會。這個危機因此而變成了轉機，讓我重新擁有比以前更多的成就，也擁有以前所沒有的快樂與滿足感。

生命中的無常，隨時可能搶奪著你辛苦打拚下所擁有的一切，唯一搶不走的，是心靈上的富有，這是誰也搶不走的眞正財富。

❖

從一個緊閉於房間內的人，到走入人群，我花費了許多的時間做心理建設。之前的自己，一直懼怕著路人看我的眼神，一雙雙同情、歧視、好奇的眼睛，總讓我漲紅著臉，縮回自己的房間。直到有一回，我順手拿起被遺忘多時的鏡子，從鏡子的反射裡，發現一個樣似怨婦的自己，苦著一張臉，黯淡無光的膚色，凌亂的頭髮蓋住無神的雙眼，再配上下垂的嘴角。我突然覺得自己看起來就是一副落魄樣，就是一副希望人家同情我的表情，這也難怪別人會用同情或歧視的眼神來回應，我還渾然不知，只知道責怪別人不禮貌，從未自我反省。而悶在房間裡的自己，大多時間都在鑽牛角尖，想著教授說那百分之八十不會恢復的機率，想著變成累贅後的自己，總有一天會被丟棄，所有負面的想法就像是滾雪球一般，在心裡不斷地累積著，當這些負面情緒將心塞得滿滿，極端的自殺念頭就會隨時引發。

幸好當我走向懸崖時，家人與朋友的關懷拉了我一把，我夢醒似地修正了所有負面的想法，畢竟我可以列出無數個方法來解決事情，若沒了生命，非但沒有任何本錢解決事情，也連帶結束了未來可以擁有的一切美好。我思考了自己爲何會如此極端，原來是因爲所有的情緒沒有一個出口處，在心靈被塞滿後，偏激的想法就在此堆積。

於是我開始將所有的沮喪與憤怒化爲文字，悲傷與不安化爲一張張圖畫，甚至也用最原始的發洩方式「痛哭」來排解情緒，只要不傷害自己，不傷害身邊的人，我找尋各種情緒出口，降低累積負面想法的狀況。

我與自己對話，輔導著自己。每個人都用著不同的形式在這世界上生活著，過去的我用修長的雙腳行走於地球上，現在，不過是換了個形式，用輪椅行駛於這塊土地，只要心靈是健康的，軀殼不過是傳達心靈的媒介罷了。我開始嘗試著打扮自己，不刻意裝扮華麗，但至少整齊清潔，而當路人報以好奇的眼神，我試著以微笑回應，這時，情況有了改變，我接收到的不再是同情，而是微笑與讚嘆的眼神，原來，我自己的態度，能夠讓世界變的不同。

「看著妳的笑容，心情跟著好了起來。」這句話，是我現在最常聽到的讚美，我不再是過去那鏡子裡的怨婦，我成功地用笑容改變了世界。

❖

我二十四歲後的青春，都在復健中度過，每天揮汗做著各項復健，爲的只是想要回身體的自主權，在這期間，挫折與壓力常常出現在我的眼前，殘忍且毫不留情地用各種方式考驗我的身心靈，或許是因爲如此，我對於挫折有很多的經驗。

常在遇到挫折的當下，會有心慌、氣憤、無助的感覺，在那當下，「放棄」的念頭很容易出現腦中，但是我先不急著選擇「放棄」，我要自己的心平靜，想想看問題出在哪裡，是不是有其他辦法解決，然後盡力去排除挫折，這個過程可能是辛苦的，是難熬的，但是當你超越了挫折，會爲自己感到驕傲，也看到自己在這過程中的成長。

面對挫折最好的方式，就是和挫折面對面，想辦法盡力去克服它。

❖

然而最困擾我的，是許多人見到坐在輪椅上的我，就會指著我說：「這都是業障，前世做了壞事，這輩子才會淪落到坐在輪椅上。」似乎坐在輪椅上的人就是個罪人，令人心情低落，也容易因爲這份罪惡感，讓心變質，偏了方向。我其實並不這樣看待這場病，我將自己的人生當作是一場學習的旅途，在我生命中所發生的事件，都是我課堂上的習題。在每個事件發生的當下，第一個跳出的是情緒，我一樣會感到傷心或絕望，我不是百分百的絕對堅強，我並不刻意壓抑這樣的情緒。人是有感情的動物，人的一生中，不可能只有快樂或悲傷的情緒，每一個事件所帶來的情緒，終將有它想傳達給你的想法，只要肯在情緒後用心體悟，這些都將是成長心靈的糧食。生命不就是在片段的事件中，帶著我們往前進，不願面對，就只有停留在原地，時間不停走著，不會爲誰停下，我期望在人生的終點站，不會有著太多的遺憾。

對我來說，人來到這世上既然是來學習的，在生命中的每個階段，都有著該去研修的課程，學生時期的煩惱或許來自課業、人際關係；而出了社會，爲經濟壓力，爲了愛情；當事業有成或是年老，匯集一身的智慧與體悟，亦可學習著付出。

生老病死，人的最終結果都將相同，重要的是，在這過程中，心靈得到了多少？體會了多少？又付出了多少？我不再將生命看得太容易，當我悲觀看待自己生命的同時，還有很多人正爲了繼續呼吸下去而努力，而生命在他們的眼裡，是如此重要與可貴。生命的可貴與美好，就在自己的思考上，很多事情是我無法去控制的，但是我能掌控與改變的，就是自己的想法跟心情。就如證嚴法師《靜思語》裡所提到的：「境不轉，心轉。」換個角度去看事情，會有更多不同的轉變！

❖

當然，我並不是一直保持陽光，我偶爾也會迷惘徬徨，懷疑著自己的未來該走向何方，自己走的路到底是不是正確，直到有一次，上了聖嚴法師的談話性節目，在與聖嚴法師交談後，心情豁然開朗，也更加堅定。

「師父，我應該怎麼做，才能夠讓還願達到最好的效果？」當時的我對於眼前的路還是有著迷惑。

「讓家裡的人因爲妳而擁有希望，這就是菩薩自利利人的精神，不要自暴自棄，也不要要求太高，有多少電就發多少光，不需要跟別人比，但是自己要繼續不斷地充電，看生命能夠怎麼運用。」聖嚴師父給了迷惘中的我一盞燈，我見到了眼前的路。

在節目最後，聖嚴法師給了我一個肯定，一個對我來說，是心靈另一個階段的提升點：「秀芷，其實妳已經站起來了，妳的心已經站起來了。妳用妳的生命爲教材，給許多人帶來希望，就是在行菩薩道，妳今生是來還願的菩薩。」

出了攝影棚，我激動地說不出話，心裡是滿滿的踏實感，我牢牢記著聖嚴法師給的勉勵，朝著正向光亮的地方走。「以自己的生命爲教材，給更多人帶來希望。」而這也就是我生命的意義，以及存在的價值。

❖

這六年多來，我有過面對死亡的恐懼，所以更能體悟生命的珍貴，我瞭解我無法改變殘酷的事實，但是我堅持讓這生命在殘酷中美好，雖然未來不是我所能掌控的，但是我相信現在的努力，將會讓未來走向光亮。我朝著夢想努力往前走，心中懷著正向精神，這路程中的快樂、挫折、辛酸，每個事件與情緒，都屬於我生命中的一部分，我細細品嚐著一切，感受並珍惜所有體悟，因爲我正呼吸著，活著。

現在，我只想認眞地過生活，好好地擁抱我的人生，我的美麗人生。

讀者迴響

作者：老腳
標題：給袖子的超長簡訊……

我和袖子認識快十年了，剛認識時她在東立出版社做美編，我則是漫畫家的小助手。我們認識的過程很奇怪，有一天，我老闆的姐妹淘拿起一本她同事拍的個人寫眞相簿給大家看，相簿裡的人就是袖子。我看到照片時心裡有一種很奇妙的感覺，覺得好想好想認識這個人，於是趁著去東立交稿時，就很厚臉皮地跑去找袖子，並對她說：「我好想認識妳喔！」然後，就一直認識到現在啦！

在朋友當中，我們並不是最熟或最熱絡的，前幾年的回憶只記得她辛苦地談戀愛，她去走秀時我們幾個在臺下很興奮地看著，後來就直接跳到她發病，然後好了，然後又發病的這一段記憶。

老實說，我不知道袖子是怎麼熬過來的，「堅強開朗」這些簡單的字眼還不足以描述她的勇氣。我也忘記我們是從什麼時候開始常常聊天，大部分都是透過ICQ和MSN。生病奪去袖子很多的權利，一般人談戀愛時心裡只擔心對方愛不愛我，袖子要擔心的卻是她的身體狀況會不會造成對方的負擔！記得有一次我們聊到男朋友的事，我跟她說：「像妳這麼好的女生，難道就因爲行動不方便，所以談戀愛就必須想東想西嗎？」袖子回我說：「老腳妳想想，光是推著輪椅在街上漫步就需要很大的勇氣，他除了要面對一堆投注過來的陌生眼神，還要照顧我的日常生活細節，更得面對家人給他的壓力，我怎麼能不想東想西呢？」那時我在電腦前哭了起來，心裡有一個地方覺得痛痛的，一種說不出來的心疼。

雖然有這麼多的痛苦和麻煩，袖子卻很努力地掙脫這些外在的限制，她開始發電子報，把很多她生病之後所想的所見的寫成文字送出去，後來她開始寫書、演講，她周遭的世界也因爲她的努力而不斷地改變。

這是袖子的第二本書了，我想說的是：「女王，加油喔～」

作者：中廣節目主持人　胡恒士（胡士）

標題：融化病友憂鬱、煩悶的心

如果有一天你從充滿掌聲中的伸展臺上重重落下，一夕間你得不到任何掌聲，換來的只是醫生的一句：「我也檢查不出來你癱瘓的原因！」這時你會怎麼樣？

與秀芷的認識是在她出第一本新書時。其實，很少會有主持人要訪問一本書的作者之前，會一字一句把整本書看完，我當然也不例外。但當我看到秀芷的第一本書時，我卻情不自禁的被她故事深深吸引，花了四個小時，一口氣把書中關於秀芷的感人故事看個清楚。而在訪問秀芷之後，也因爲彼此很談得來，自然而然與她成爲了好朋友。

在我眼中的秀芷是一個堅強、樂觀又有愛心的人，雖然這麼多年來醫生還是無法告訴她爲何她會站不起來，但她仍舊每天開朗樂觀地面對周遭的人、事、物。治療時，她用堅定的心情去面對未知的病魔，復健時，她努力的站穩每一個腳步，她的搞笑更是其他病友眼中的開心果。她用她的堅持去打倒那未知的病魔，同時她也用她的笑容去融化其他病友憂鬱、煩悶的心。

很高興看到秀芷的病正逐漸康復中，現在的她終於可以靠著自己的力量走路，也很高興秀芷期待已久的第二本新書終於發行。現今的新聞報導中，不是藍綠對立就是擄人詐騙，很少會有關懷弱勢、長期爲身心障礙者所做的深入專題報導。既然電視上少見，那就來看秀芷的新書吧！相信，她的故事可以帶給正在閱讀的你一點啓發；也相信，在不久的將來，我們可以再見到秀芷的第三本新書，屆時，書中將寫著秀芷從發病到完全康復這一路走來的心路歷程。

作者：NOVA資訊廣場中國區域經理　董孟浩
標題：等著妳站起來的那天

大約是在二〇〇一年九、十月左右吧！說眞的，我眞的不記得到底是什麼時候認識袖子的，只記得第一次認識袖子是在新浪網BBS裡認識的，她在那裡開了個留言板叫「還有百分之二十堅強的理由」。一開始我還不知道她是個坐輪椅的女孩，只知道BBS的朋友們都說這個女孩很美，瞭解她的狀況以後，反而對這個女孩更好奇，因爲她和我認知中身體有缺陷的人完全不同，爲什麼她能那麼快樂？爲什麼當被問到敏感話題的時候，她總是能正面的面對？爲什麼她一點都不認爲自己是有缺陷的人？當那麼多的爲什麼在我心中迴繞的時候，我也發現了一件事，就是，她比正常人更懂得面對自己的人生及未來，反看現在的年青人，唉，什麼叫做身在福中不知福，這下全都有了答案。

一開始認識她，出自於同情心，最想看自己是否能夠幫助她。當我看到她坐在輪椅上吃力推著輪子，我就想上前去幫她推；當我看到她很吃力地想拿個東西時，我就想上前把東西遞給她；當我看到她很吃力地挪動座位時，我就想幫她挪到位子上。後來我發現我錯了，這些都不是她要的，更不是她希望網友或朋友們爲她做的，她要的是朋友，她要的是和正常人一樣有社交，有朋友，有談心的對象，有吵鬧的話題，有淘氣的損友，有旅遊的遊伴。

說來可笑，第一次在網上看到「袖子」這二個字，我還以爲這個人的網名叫「柚子」，看來還滿可口滿甜的水果。哇哈哈哈！雖然是在網上認識了袖子，但我們這群網友們卻完完全全地實現了化虛爲實，打破了網路交友的迷思，大家變成了眞正的朋友，而且還是非常要好的朋友。我爲袖子設計了她自己的網站、爲她舉辦了近百人的生日派對、到她家下廚做菜辦 home party 數次、以她爲主題的户外網友聚會無數次、陪同她一起去各地演講數次、讓她有哭有笑有怒有樂N次……

最後，我覺得改變袖子人生及態度的最大力量是她父母，在認識袖子這些年來，我才完全體會所謂的天下父母心。袖子的雙親爲袖子所做的一切一切，除了書中提到的以外，在平時生活中，我也從來沒有看到袖爸袖媽臉上有所無奈，從來沒有聽到任何一句的怨言。袖爸袖媽這些無悔無怨、完完全全的付出，感動了袖子，也讓袖子從中學習到如何正確勇敢地面對人生與未來。

袖子不但是我們這些朋友們的借鏡，更是全天下所有人的學習對象！天下無難事，只怕有心人。袖子加油，我們還等著妳站起來的那天，一起去跳舞呢！

P力蛋頭董，於中國．北京出差中

作者：台北中山動物醫院院長　林政毅

標題：我的袖子朋友

認識袖子也有三年多了，雖然見面不過三四次，但這樣的朋友卻深深地烙印在我的內心深處。她總是靦腆地笑，總是神采奕奕，帶給朋友的總是歡樂與鼓勵，我曾試想角色的轉換，或許堅強如我，也無法像她如此堅持與開朗吧。

一日午後，抽個空到榮總探視正在復健的袖子，一進復健中心，看到熟悉的身影正延著復健規化路線，努力但緩慢地行進著，我放慢了腳步緊跟在後，她的步伐雖然近乎拖行，但步步踏實；雖然遲緩不協調，但清秀臉龐滑落的汗水卻撼動著我的內心。淚水在我眼眶中打轉著，我知道這不是同情的眼淚，而是感動！被我們視爲理所當然的行動，對袖子而言卻是生命中的奢求，我們在盡情地揮霍、殘害身體的同時，她在努力發揮身體的極限，抵擋著治療所帶來的痛苦，迎接著康復的可能。

上帝對袖子的考驗雖然嚴苛，但也因此讓她不凡，她是墮入凡塵的天使，帶給我們生命的啓示，袖子是天使。

作者：病友　洪文隆
標題：不向命運低頭

認識袖子是在我受傷四個多月後的事，初次見面並沒有交談，但我卻對她留下深刻的印象，她笑的時候讓人覺得有甜蜜的感覺，沉思的時候也讓人感覺到她很嚴肅。記得我剛受傷時，因爲還無法接受，所以心情常常都很沮喪。有時在復健時碰到或在聊天室遇到時，我們總會吐吐苦水，這個時候，只要把不愉快的事都講一講，然後再互相鼓勵一番，所有的不愉快早就不知道跑到哪裡去了。

袖子常常講一句話：「痛苦人人都有，如果沉醉在痛苦裡面，那必定是浪費人生！」這句話對我的影響很大，我常在想，事情都已經發生了，老天爺也把命給留下來了，如果自己還不能好好把握的話，那不就是在浪費人生嗎？所以我現在也常用這句話去鼓勵我的病友，很受用的喔！最後我要說的是，在袖子身上，我看到了信心以及勇氣，還有堅強。我更在她身上學到了不放棄、不認輸、不向命運低頭。也希望袖子在未來日子裡繼續朝著她的理想邁進，永不輕言放棄，加油，袖子。

作者：網友　吳秋芬
標題：我的袖子朋友

和袖子認識至今五、六年有了吧，雖然我們一開始是從聊天室認識的，但這幾年相處下來，聚會、吃飯、互吐心聲，感覺如同親姐妹一樣，她稱呼我為大姐，而我視她如妹，也或許我們倆個有相同之處，彼此更能惺惺相惜。她常鼓勵我，要勇敢做自己，就像她現在在做的，演講（鼓勵青年學子活出自己）、寫書（發揮自己的長才）。她並沒有因為無法行走而自暴自棄，反而藉著輪椅開創出她美麗的人生，在袖子身上我看到她的自信、她的驕傲。從她的第一篇短篇投稿在《自由時報》刊載，至出版第一本書，我都看過，她的每一篇著作自然、寫實、不做作，如同她本人一樣，時而正經、時而搞笑、袖子就是那麼可愛的一個女生。

而第二本書亦即將問世，在此祝福她有著好成績；人生的精彩不在於活得長短，而在於是否過得充實而豐富，祝福妳，袖子！

作者：華視點燈企畫　黃綉惠
標題：堅強勇敢地走下去

做這類型的節目，其實類似袖子的故事，我聽的不少了，但是一看到剪報，有股特別的感受讓我想親自見見這個女孩兒，因爲這樣的緣故，我認識了袖子。

採訪過程裡，我發覺袖子很特別，有時有點無厘頭，會開一些令人驚訝的玩笑，有時卻又像因陷入某種思緒裡而顯得神情認眞。我想我可以用輕鬆的方式進行訪談，但我知道，這五年來的心情轉折其實很複雜，我，應該要問袖子更爲深入的問題。

採訪袖子前，我將袖子的電子報全看了一遍，包含網友的所有留言也都看了，還有書。錄完節目後，不知道爲什麼，我還是每天上袖子電子報，重覆看著袖子寫下的一篇篇心情故事。我公司的同事及老闆娘在見過袖子、聽過袖子的故事後，都忍不住的，想去親近她。

一遍又一遍的看著袖子的心情故事，我試圖忘記一個採訪者的角色，去貼近身障者的世界，我深怕有那麼一天，因爲自己的不瞭解，用了不合適的態度或言語，去對待這樣的朋友。這是袖子給我的提醒。

很多人在見過袖子、知道袖子的故事之後，總會忍不住的想對袖子說：「秀芷加油！妳一定能再站起來。」可是，我不想！（雖然我在自己的筆記本上寫著，希望秀芷有一天能站起來。）因爲沒有人知道袖子得的是什麼病，所以我不希望也抱持著一個「未知」的夢想，或者說，其實我是有點擔心，如果我也給了袖子一個希望，她會不會有一天，將承受更巨大的失望呢？或者，是我不想承受自己的失望？

現在，我只希望袖子能這麼堅強、勇敢地一直走下去，無論將來是更好或更壞。我還想讓更多的人知道袖子的故事，因爲從對袖子的關心，能延伸出更多對所有身障朋友的同理關懷，也許有那麼一天，我們都能有機會伸出手幫助他們，哪怕，只是一個念頭！希望有更多的身障朋友能像袖子一樣，擁有許多朋友的關愛。

作者：苗栗讀者　張弘諭

標題：山不轉，路轉；路不轉，人轉

談起認識袖子的過程，我和大多數人一樣，是經由演講、電子報、網路，以及書籍。在我心目中，袖子一直是個不向命運低頭的勇者。現今社會新聞中，自殺的新聞層出不窮。自殺的原因不外乎是爲了金錢、感情、學業或事業等。但是這些卻都是爲逃避現實而走上絕路的。

袖子發病後，也曾經落入這種迷思，然而袖子卻在愛她的人鼓勵下，努力的復健、四處巡迴演講，將自身的光芒發散到仍迷途於黑暗角落的心靈。袖子所教導我的，就是這份堅強的信念，有句話是這麼說的：「山不轉，路轉；路不轉，人轉。」是呀，天無絕人之路，不是嗎？唯有自己振作、奮發向上，才能尋求掙脫困境的道路。如果只是自怨自艾，在原地哀傷又有何用？認清事實吧，能救你的神，只有你自己。

袖子，加油喔！我會和所有支持妳的人在復原的終點等著妳，也希望所有封閉自我的人能勇敢走出來，讓這社會溢滿著光明與幸福！

作者：「@的女子公寓」電子報報主
標題：山不轉，路轉；路不轉，人轉

總在失意的時候，想起袖子的文章，然後，就會發現其實自己有多幸福。

在等待捷運的月台，賣報機已放入當天的晚報，等車空餘我彎腰看著報上的文字，心中突然一陣感動，頭版那女子不就是我的朋友袖子嗎？於是掏出十元，買了當天的中時晚報，喜悅的心情在月台，無人可分享，雖然我跟袖子沒有見過面，但我一直當她是朋友，雖然她的電子報我總是收不到，但我總會在空閒時上她的網站，詳看她的近況。我看著報紙，仔細閱讀的有關袖子這次參加輪椅美女的文字報導，我眞的好想跟身邊的每一個人說：「你看！她是我朋友耶，她很勇敢喔。」於是，我閱讀又閱讀，重複讀這同一篇文字，感動的淚水又偷偷在眼眶打轉，心中說著：「袖子，妳好勇敢，如果是我，我想我無法像妳這樣堅強。」

在大好青春的時刻，突來莫名的病痛，以致多年無法站起，但，袖子並沒有被打敗，反而更堅強去度過每一天，袖子，我眞的以妳這位朋友爲榮，很高興有妳這位朋友，別忘了，我們相約一起去喝下午茶喔！我知道妳有一天一定會站起來的，妳的毅力一定會感動上天的，祝福妳！

國家圖書館出版品預行編目資料

堅持，就會看見希望 / 余秀芷作-- 初版. --臺北市：商周出版：城邦文化發行，2004 [民93]
面； 公分. --（awake：20）

ISBN 986-124-251-1（平裝）

1. 余秀芷 - 傳記 2. 殘障者 - 臺灣 傳記

782.886 93014237

awake 20

堅持，就會看見希望

作　　者／余秀芷
總 編 輯／林宏濤
責任編輯／陳玳妮

發 行 人／何飛鵬
法律顧問／中天國際法律事務所周奇杉律師
出　　版／城邦文化事業股份有限公司　商周出版
104台北市民生東路二段141號9樓
電話：(02) 25007008　傳眞：(02) 25007759
e-mail:bwp.service@cite.com.tw
發　　行／英屬蓋曼群島商家庭傳媒股份有限公司城邦分公司
聯絡地址／104台北市民生東路二段141號2樓
讀者服務專線：0800-020-299
24小時傳眞服務：02-2517-0999
劃撥：1896600-4
戶名：英屬蓋曼群島商家庭傳媒股份有限公司城邦分公司
讀者服務信箱E-mail：cs@cite.com.tw
香港發行所／城邦（香港）出版集團
香港北角英皇道310號雲華大廈4/F, 504室
電話：25086231　傳眞：25789337
馬新發行所／城邦(馬新)出版集團 Cite (M) Sdn. Bhd. (458372 U)
11, Jalan 30D/146, Desa Tasik, Sungai Besi,57000
Kuala Lumpur, Malaysia.　email：citekl@cite.com.tw
電話：603-9056 3833　傳眞：603-9056 2833

封面設計／陶一山
打字排版／極翔企業有限公司
印　　刷／韋懋印刷事業股份有限公司
總 經 銷／農學社
電話：(02)29178022　傳眞：(02)29156275

■2004年 9月 1日初版一刷
■2013年 4月12日初版十二刷
printed in Taiwan
定價／240元

ISBN 986-124-251-1

商周出版

廣　告　回　函
北區郵政管理登記證
北臺字第10158號
郵資已付，免貼郵票

100 台北市信義路二段213號11樓

城邦文化事業（股）公司　收

請沿虛線對摺，謝謝！

商周出版

書號：　BX1020　　　　書名：堅持，就會看見希望

請於此處用膠水黏貼

商周出版

讀者回函卡

謝謝您購買我們出版的書籍！請費心填寫此回函卡，我們將不定期寄上城邦集團最新的出版訊息。

姓名：____________________

性別：□男 □女

生日：西元________年________月________日

地址：____________________

聯絡電話：__________ 傳真：__________

E-mail：____________________

職業：□1.學生 □2.軍公教 □3.服務 □4.金融 □5.製造 □6.資訊
□7.傳播 □8.自由業 □9.農漁牧 □10.家管 □11.退休
□12.其他__________

您從何種方式得知本書消息?

□1.書店□2.網路□3.報紙□4.雜誌□5.廣播 □6.電視 □7.親友推薦
□8.其他__________

您通常以何種方式購書?

□1.書店□2.網路□3.傳真訂購□4.郵局劃撥 □5.其他__________

您喜歡閱讀哪些類別的書籍?

□1.財經商業□2.自然科學 □3.歷史□4.法律□5.文學□6.休閒旅遊
□7.小說□8.人物傳記□9.生活、勵志□10.其他__________

對我們的建議：

____

____

____

____

請於此處用膠水黏貼